Neues wagen

So führen Sie sich und Ihr Team zu Veränderung und Innovation

Nicole Strauss

Neues wagen

So führen Sie sich und Ihr Team zu Veränderung
und Innovation

Bibliografische Informationen der Deutschen Nationalbibliothek
Die Deutsche Nationalbibliothek verzeichnet diese Publikation in der Deutschen Nationalbibliografie; detaillierte bibliografische Daten sind im Internet über dnb.dnb.de abrufbar.

ISBN 9783756211456

Fotos: von www.istockphoto.com im Besitze der Autorin; Autorinnenporträt: Eigenbestand

Herstellung und Verlag: BoD – Books on Demand, Norderstedt

www.nicole-strauss.com

Stand: Januar 2023

Für meine Klientinnen und Klienten,
von denen ich viel lernen darf.

INHALT

1. NICHTS IST SO BESTÄNDIG WIE DER WANDEL

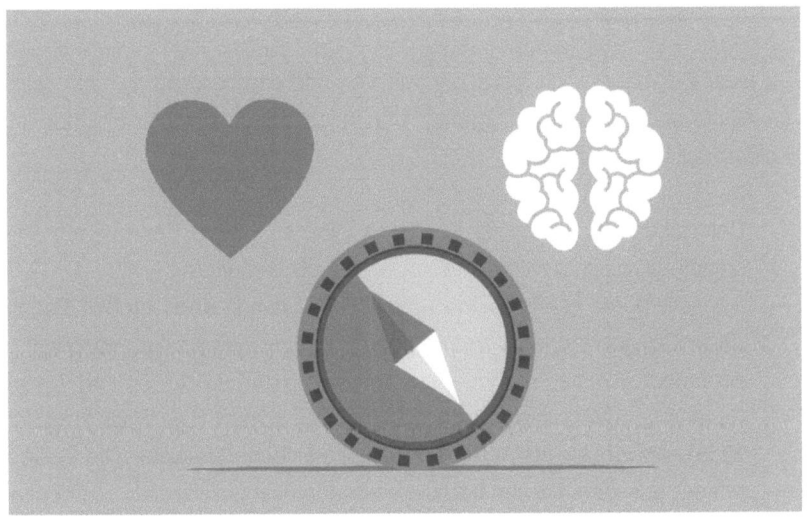

Die Energiewende zur Eindämmung des Klimawandels, der Brexit, die Corona-Pandemie, der Krieg in der Ukraine u.v.m.: Allein in den letzten zehn Jahren mussten wir uns auf politisch-gesellschaftlicher Ebene mit zahlreichen – stets als „epochal" und „paradigmatisch" bezeichneten – Veränderungen auseinandersetzen. Und all diese Umbrüche beschäftigen uns tagtäglich weiter. Im Berufsleben kommen weitere Themen hinzu: Veränderung der Unternehmenskulturen durch den Trend zu New Work, mehr Diversität in Führungspositionen, ein Generationenwechsel von den „Boomern" zur Generation Y/Z sowie die Digitalisierung von Geschäftsprozessen und -modellen. Viele dieser Veränderungsthemen wirken sich zusätzlich noch auf den privat-persönlichen Bereich aus, beispielsweise die hybride Arbeit mit hohem Homeoffice-Anteil sowie auf breiter Front steigende Lebenshaltungskosten.

Summa summarum sind zwei dem antiken Philosophen Heraklit zugeschriebene Aussagen heute zutreffender denn je:

„Alles fließt."
„Nichts ist so beständig wie der Wandel."

Zu jeder Zeit haben sich Menschen mit Veränderung beschäftigt – mit selbst gewählter und mit fremdbestimmter. Und in jeder Epoche gab es Freunde und Kritiker der Veränderung:

- Der chinesische Philosoph Konfuzius (551 bis 479 v. Chr.) wirbt: „Wer ständig glücklich sein möchte, muss sich oft verändern."
- Bestsellerautor Paolo Coelho (geb. 1947) spannt einen großen Bogen: „Jede Gelegenheit, sich zu verändern, ist eine Gelegenheit, die Welt zu verändern."
- Genervt vom Veränderungsdruck seiner Zeit scheint H.G. Wells (1866 bis 1946), obwohl er als Autor des Science-Fiction-Klassikers „Die Zeitmaschine" der Veränderung geradezu ein Denkmal gesetzt hat: „Zufriedene Menschen wünschen keine Veränderung."

- Und Bundeskanzler Helmut Schmidt (1918 bis 2015) erinnert an den Zusammenhang von (zu intensiven) Veränderungsbemühungen und (unnötigen) Selbstzweifeln: „Das ist der ganze Jammer. Die Dummen sind so sicher und die Gescheiten so voller Zweifel."

VUKA-Welt erhöht Veränderungsdruck

Veränderungen und Anpassungsdruck hat es in der Menschheitsgeschichte schon immer gegeben, sonst wären wir nicht vom Jäger und Sammler zur Weltraumfahrerin geworden. Die aktuelle Zeit ist aber besonders veränderungsintensiv, da vier Trends parallel auftreten und sich verstärken:

Volatilität	Veränderungen kommen immer häufiger, schneller und extremer. Beispiel: krisenhafte und teils geschäftsbedrohende Wetterphänomene in Folge des Klimawandels
Ungewissheit	Die Zukunft kann immer schwerer vorausberechnet und gesteuert werden. Beispiel: Globale Corona-Pandemie als unerwartetes Großrisiko, das ganze Branchen und Geschäftsmodelle auf Jahre hin schwächt.
Komplexität	Alles ist mit allem immer stärker und tendenziell unübersichtlich verknüpft. Beispiel: Risse in den globalen Lieferketten in Folge der Corona-Pandemie und des russischen Kriegs gegen die Ukraine.
Ambiguität	Auf viele relevante Fragen gibt es keine eindeutigen Antworten mehr, was die Gefahr von Dilemmata und Fehlentscheidungen erhöht. Beispiel: Unternehmerische Entscheidungen im Spannungsfeld von wirtschaftlichen Notwendigkeiten und Ethik („Geschäfte mit Diktaturen").

Ob man Veränderung mag oder nicht – sie ist dauerhafte Begleiterin der Menschheit. Die multidisziplinäre Change-Forschung erbringt diese Erkenntnisse (Philippeit-Schürmann 2008):

- Ein hohes Maß an Flexibilität und Anpassungsfähigkeit wird von Unternehmen, Führungskräften und Beschäftigten standardmäßig erwartet – das Nichtvorhandensein gilt als Wettbewerbsnachteil.
- Wandel und Veränderung (Change) ist vom Ausnahmefall zu einem Alltagsphänomen geworden.
- Insbesondere Führungskräfte müssen/wollen bis zur Hälfte der Arbeitszeit in Change-Themen investieren.
- Zudem sind Vorgesetzte vielfach gefordert: Sie brauchen eigene Veränderungskompetenz, sollen als Vorbild wirken und müssen die Beschäftigten durch den Change begleiten.
- Besondere Bedeutung kommt dem Mittelmanagement zu, das – im schlechten Fall – als „Lehmschicht" oder – im guten Fall – als „Transmissionsriemen" für Veränderung gilt.

Aus all diesen Gründen ist Veränderungskompetenz spätestens in diesem Jahrzehnt in den Rang einer Schlüsselqualifikation (Metakompetenz) aufgestiegen – insbesondere für Führungskräfte, aber auch für Beschäftigte. Eine Studie zu Metakompetenzen in der Berufswelt (Graf 2020) ergab:

- Die Skills „Resilienz" (= emotional stabiler Umgang mit veränderten, stressenden Rahmenbedingungen), „Umgang mit Komplexität" und „Umgang mit Unsicherheit/Risiken" sind elementare (unverzichtbare) Metakompetenzen.
- Den größten Bedeutungszuwachs werden in den nächsten Jahren die Skills „Umgang mit Komplexität" und „Umgang mit Unsicherheit/Risiken" erfahren.

Wie ist der Mensch auf diese Herausforderungen vorbereitet? Johann Wolfgang von Goethe – übrigens wie Konfuzius und Coelho ein Veränderungsfreund - meint: „Man muss sich immerfort verändern, erneuern, verjüngen, um nicht zu verstocken." Doch sein Faust erkennt auch selbstkritisch: „Zwei Seelen wohnen, ach, in meiner Brust." Das sieht die moderne Hirnforschung genauso.

PLATZ FÜR NOTIZEN

PLATZ FÜR NOTIZEN

2. DIE PROTAGONISTEN: „SCHWEINCHEN FIT" UND „SCHWEINEHUND"

Würde man die menschliche Veränderungskompetenz wie in einem Comic erklären, so hätte dieser zwei Protagonisten:

„Schweinchen fit"   **„Schweinehund"**

„Schweinchen fit" steht für Eigenschaften des Menschen, die Veränderungskompetenz fördern:

„Schweinehund" steht für Eigenschaften des Menschen, die Veränderungskompetenz hindern:

- Neugier / Forscherdrang
- Lernwille und -fähigkeit
- soziale Intelligenz
- Gestaltungs- und Durchsetzungswille
- Verantwortungsbewusstsein
- Resilienz
- Fehlertoleranz
- Risiko-Affinität
- Frustrationstoleranz
- Selbstwertgefühl
- Selbstwirksamkeitserwartung
- Compliance und Disziplin

- Gleichgültigkeit
- Lern-Defizite oder -Unwille
- soziale Unbeholfenheit / Scheu
- Passivität / Gefolgschaft
- Verantwortungsabgabe
- Stressanfälligkeit
- Fehler-Aversion / -Ignoranz
- Risiko-Aversion
- Frustneigung
- Selbstwertzweifel
- Macht- bzw. Sinnlosigkeitsempfinden
- Ausweichverhalten und Nachlässigkeit

Welche Eigenschaften nun beim Individuum wie stark ausgeprägt sind, hängt mit der Grund-Persönlichkeit des Menschen zusammen. Laut dem empirisch belegten Standardmodell der Persönlichkeit (Big 5) entwickelt sich durch genetische und soziale Einflüsse bei jedem Menschen ein individuelles, wirkmächtiges Persönlichkeitsprofil entlang von fünf Skalen (Saum-Aldehoff 2007):

- Offenheit für Erfahrungen (von konservativ-starr bis neugierig-flexibel),

- Gewissenhaftigkeit (von chaotisch-schlampig bis genau-detailorientiert),
- Extraversion (von schüchtern-introvertiert bis vernetzt-extrovertiert),
- Verträglichkeit (von konkurrenzbetont-aggressiv bis konsensorientiert-höflich),
- Neurotizismus (von labil-kompliziert bis robust-pflegeleicht).

Dieses individuelle Big-5-Persönlichkeitsprofil beeinflusst, wie der Mensch fühlt, denkt und handelt – nicht zuletzt in Veränderungssituationen. Physiologisch repräsentiert ist all dies im zentralen Steuerungsorgan des Menschen: dem Gehirn (Strauss 2016). Das muss man über die Hirnforschung wissen, um Veränderungskompetenz zu begreifen und zu fördern:

- Vom Prinzip her ist das Gehirn ein riesiges Netzwerk. 100 Milliarden Nervenzellen sind über 100 Billionen Kontaktstellen (Synapsen) miteinander verwoben und tauschen Informationen mittels biochemischer Botenstoffe (komplexe Moleküle) und elektrischer Impulse aus.
- Das Gehirn ist Entstehungsort von sowohl Gefühlen als auch von Verstandes- und Willensleistung – wobei die Wirkmächtigkeit und Entstehungsgeschwindigkeit von Gefühlen viel höher ist als beispielsweise die von Logik und Disziplin.
- Vieles im Gehirn geschieht unbewusst und (halb)automatisch – und entzieht sich damit zunächst einmal der bewussten Steuerung.
- Zudem konstruiert jedes Gehirn seine subjektive Version von Realität und nimmt diese als objektiv zutreffend wahr. Diese subjektive Wahrnehmung ist allerdings manipulierbar – durch sich selbst und durch andere.
- Von allergrößter Bedeutung für die Veränderungskompetenz ist die Tendenz des Gehirns zu Routine und Bekanntem: Das Sprichwort „Der Mensch ist ein Gewohnheitstier" beschreibt die – Energiesparzwecken dienende – Neigung des Gehirns, sich immer wieder eigene Überzeugungen und Meinungen (Mindset) zu bestätigen, bekannte Denk- und Verhaltensmuster zu reproduzieren und die sichere Komfortzone dem Neuland vorzuziehen.

- Hirnforscher haben sogar gemessen, dass die Notwendigkeit zur Bewältigung von Veränderungen im Gehirn dieselben synaptischen Schaltkreise auslöst, wie sie bei echtem körperlichen Schmerzempfinden aktiviert werden: „Change is pain!" (Rock/Schwartz 2006).
- Veränderung – vor allem die nicht selbst gewählte, von außen kommende – ist also nicht der Wunschzustand des Gehirns und löst negative Emotionen aus: „Jede Abweichung von der Routine kann Reaktionen auslösen, die weitaus stärker sind als die Gedanken, die zu einsichtigem und vernünftigem Handeln führen würden. ... Wer sich ändern soll, leistet unbewusst Widerstand, der so stark ist, dass er durch rationale Prozesse nicht zu kontrollieren ist." (Elger 2013, S. 16)
- Hingegen lässt das Bekannte – und sei es auch noch so langweilig, einschränkend oder sogar selbstschädigend – im Gehirn das Gefühl von Sicherheit, Geborgenheit und Kompetenz entstehen. „Die Zukunft baut also immer, wenn auch unbewusst, in irgendeiner Form auf der Vergangenheit auf." (Elger 2013, S. 115)

Sind also die Gehirn-Muster und -Automatismen Schicksal? Bestimmt die Straßenkarte der synaptischen Nerven-Autobahnen die Navigation unseres gesamten Lebens – und somit auch unsere Veränderungskompetenz? Dies alles stimmt aus Sicht der Hirnforschung nicht. „Trotz dieser oft vorprogrammierten Handlungsmuster ist der Mensch ein wandlungsfähiges Wesen." (Peters 2013, S. 13) Diese Erkenntnis der Neurowissenschaften wird unter dem Begriff der Neuroplastizität zusammengefasst. Seit Wissenschaftler mit sogenannten bildgebenden Verfahren dem Menschen sozusagen beim Denken und Fühlen zuschauen können, weiß man um die „Fähigkeit des Gehirns, sich bis ins hohe Lebensalter an neue Lebensbedingungen anzupassen." (Peters 2013, S. 37)

Nur: Von allein passiert das nicht. Veränderungskompetenz muss erarbeitet werden. Und hier kommt die Führung ins Spiel: Selbstführung und Mitarbeiterführung!

PLATZ FÜR NOTIZEN

PLATZ FÜR NOTIZEN

3. DER RICHTIGEN STIMME ZUHÖREN: DAS MINDSET DER VERÄNDERUNG

Die soeben skizzierte Funktionsweise des Gehirns wirkt sich auf etwas aus, das in der Psychologie Mindset bzw. Mindset Traits (traits = Wesenszüge) genannt wird. Das Mindset ist die Summe der prägenden und einflussreichen Denk- und Verhaltensmuster eines Menschen. Der dänische Soziologe Theodor Geiger sprach sogar einmal von der „persönlichen Ideologie", weil Menschen ihr subjektives Mindset gerne als objektive Wahrheit missverstehen. Im Zusammenhang mit dem Mindset-Konzept findet man in älteren Publikationen auch noch den Terminus der Mentalität. Beide Worte gehen auf denselben lateinischen Wortstamm zurück (mens = Geist), jedoch birgt der Mentalitäts-Begriff eine Verwechslungsgefahr mit unwissenschaftlichen Stereotypen (z.b. unterstellte Mentalität einer bestimmten Bevölkerungsschicht oder Religionsgemeinschaft). Das Mindset nach moderner wissenschaftlicher Auffassung ist etwas Individuelles, das von Genen, biografischer Prägung (z.B. Erziehung, Wohlstandsniveau, Bildung) und eigenen Lebens- und Lernerfahrungen beeinflusst wird.

Das Mindset bestimmt darüber, wie der Mensch

- sich selbst und andere sieht
- sich selbst und andere mit Erwartungen und Bewertungen belegt
- Situationen und Herausforderungen bewertet und gestaltet
- Prioritäten und Ziele definiert
- kommuniziert und agiert
- u.v.m.

Das Mindset spielt in vielen Konzepten und Theorien der Persönlichkeitspsychologie eine Rolle. So beschreibt schon der deutsche Psychoanalytiker Fritz Riemann in seinem Standardwerk „Grundformen der Angst" vier verschiedene Persönlichkeiten. Sie gehen – entsprechend ihres Mindsets – jeweils anders mit den Herausforderungen einer Veränderungssituation um (Riemann 2013):

- Schizoide Persönlichkeiten haben Angst vor Hingabe und Kontrollverlust. Sie meiden Nähe und Bindung und streben nach Autonomie bzw. Distanz.

- Depressive Persönlichkeiten haben Angst vor Selbstständigkeit und dem Verlust von Geborgenheit. Sie begeben sich gerne in (vermeintlich Sicherheit bringende) Bindungen zu anderen und suchen Nähe.
- Zwanghafte Persönlichkeiten haben Angst vor Vergänglichkeit und stehen Veränderungen kritisch gegenüber. Sie suchen Sicherheit und Dauer.
- Hysterische Persönlichkeiten haben Angst vor Begrenzung und Unausweichlichkeit. Sie suchen das Risiko, streben nach Freiheit und Veränderung und haben besondere Freude am Wandel.

Grundsätzlich wäre es zu einfach gedacht, wenn man aus dem Riemann-Modell eine besondere (Nicht)-Eignung für das Bewältigen von Veränderungssituationen ableiten wollte. Es sei lediglich die Hypothese erlaubt, dass der Dauer-Typ wohl am meisten Probleme mit Change hat und ihn – wo immer er kann – meidet. Die anderen drei Persönlichkeiten bringen spezielle Talente für Veränderungssituationen ein. Sie haben aber auch spezifische Risiken, denen sie mit passenden Bewältigungsstrategien (coping) begegnen müssen, um im Change ihre psychosoziale Stabilität zu bewahren.

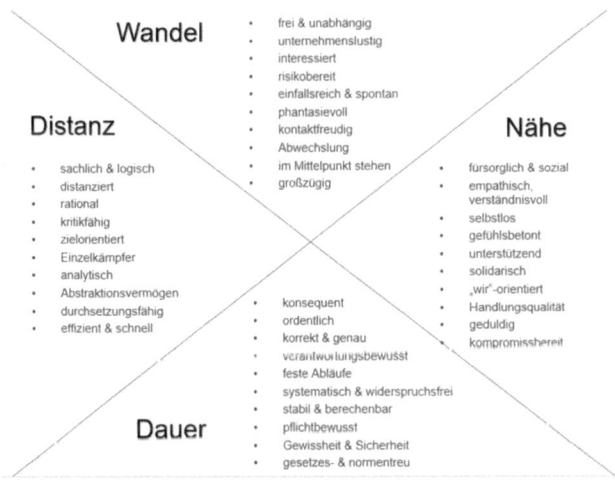

Abb. 1: Persönlichkeitstypen nach Riemann und ihre Talente/Risiken in Veränderungssituationen (eigene Darstellung)

In der moderneren Mindset-Forschung ist im Zusammenhang mit Veränderungskompetenz vor allem das Konzept der US-Psychologin Carol Dweck interessant. Sie unterscheidet zwischen Fixed Mindset (fixe Denkweise) und Growth Mindset (Wachstums-Denkweise). Ihre Forschung nimmt u.a. Schülerinnen und Schüler in den Blick, ist aber auf andere Gruppen wie z.B. Beschäftigte oder Führungskräfte übertragbar. Dweck beschreibt beide Mindset-Ausprägungen so:

„Bei einer fixen Denkweise glauben die Schüler, dass ihre Grundfähigkeiten, ihre Intelligenz, ihre Talente, nur fixe Eigenschaften sind. Sie haben eine gewisse Menge und das war's dann auch schon, und dann wird es ihr Ziel, immer klug auszusehen und nie dumm auszusehen. In einer Wachstums-Denkweise verstehen die Schülerinnen und Schüler, dass ihre Talente und Fähigkeiten durch Anstrengung, guten Unterricht und Beharrlichkeit entwickelt werden können. Sie glauben nicht unbedingt, dass alle gleich sind oder jeder Einstein sein kann, aber sie glauben, dass jeder klüger werden kann, wenn er daran arbeitet." (Morehead 2012)

Dwecks Mindset-Definition steht in der Tradition des Selbstwirksamkeits-Konzepts des kanadischen Psychologen Albert Bandura (Bandura 1997) und des Konzepts der Kontrollüberzeugung des US-Psychologen Julian B. Rotter. Beiden Konzepten ist folgende Auffassung gemeinsam: Menschen mit einer hohen Selbstwirksamkeitserwartung vertrauen darauf, aufgrund eigener Kompetenzen gewünschte Handlungen auch in Extremsituationen erfolgreich selbst ausführen zu können. Solche Menschen glauben daran, selbst gezielt Einfluss auf die Dinge und die Welt nehmen zu können und sehen sich weniger als Opfer äußerer Umstände, anderer Personen, des Zufalls usw. Untersuchungen zeigen, dass Personen mit hoher Selbstwirksamkeitserwartung bzw. Kontrollüberzeugung psychisch stabiler sind, eine höhere Stress-Resistenz haben, mehr Leistung und Ausdauer im Beruf zeigen und tendenziell erfolgreicher sind. Und sie kommen besser mit Veränderungssituationen zurecht.

Kenntnis über das eigene Mindset erlangt man durch psychologische Standardtests, die idealerweise von einem individuellen Coaching flankiert sein sollten. Das ist der erste Schritt, um die eigene Veränderungskompetenz zu verbessern. Denn nur wer sein Mindset kennt und sich bewusst damit auseinandersetzt, hört diesen beständigen Klangteppich der inneren Stimmen, die im menschlichen Gehirn schallen. Und wer die inneren Stimmen hört, kann Schritt zwei gehen: sich entscheiden, ob man beispielsweise seiner bis dato vorherrschenden Stimme aus dem Fixed Mindset bzw. geringer Selbstwirksamkeitserwartung einmal eine andere Stimme entgegensetzen möchte. Veränderungskompetenz wächst dann, wenn der Mensch sich entscheidet, der richtigen Stimme in seinem Inneren zuzuhören!

Den richtigen Wolf füttern

Eines Abends erzählte eine alte Cherokee-Schamanin ihrer Enkelin am Lagerfeuer von einem Kampf, der in jedem Menschen tobt. Sie sagte: „Mein Kind, der Kampf wird von zwei Wölfen ausgefochten, die in jeder von uns wohnen. Einer ist böse. Er ist der Zorn, der Neid, die Eifersucht, die Sorgen, der Schmerz, die Gier, die Arroganz, das Selbstmitleid, die Schuld, die Vorurteile, die Minderwertigkeitsgefühle, die Lügen, der falsche Stolz und das Ego. Der andere ist gut. Er ist die Freude, der Friede, die Liebe, die Hoffnung, die Heiterkeit, die Demut, die Güte, das Wohlwollen, die Zuneigung, die Großzügigkeit, die Aufrichtigkeit, das Mitgefühl und der Glaube." Die Enkelin dachte einige Zeit über die Worte ihrer Großmutter nach und fragte dann: „Welcher der beiden Wölfe gewinnt?" Die weise Frau antwortete: „Der, den du fütterst."

PLATZ FÜR NOTIZEN

4. SELBSTFÜHRUNG: STRATEGIEN FÜR MEHR VERÄNDERUNGS- KOMPETENZ

Es gibt zahlreiche Methoden, wie man seine Veränderungskompetenz trainieren und ausbauen kann. Sie lassen sich in drei Ebenen zusammenfassen:

- **Mentaltraining**: die eigenen Mindset Traits bzw. die eigenen Gedanken in spezifischen Situationen auf Selbstwirksamkeit, Kompetenz, Lösungen, Ziele, Optimismus u.v.m. ausrichten,
- **Verhaltenstraining**: das eigene Verhalten so wählen und trainieren, dass es sich bestmöglich in den Dienst der gewünschten oder notwendigen Veränderung stellt,
- **Beziehungsmanagement**: Kontakte zu anderen Menschen so gestalten und pflegen, dass sie dem eigenen Veränderungsziel Rückenwind geben oder um gemeinsam erfolgreich an Veränderungen zu arbeiten.

Die folgenden Ausführungen erheben keinen Anspruch auf eine vollständige Methodenübersicht, sondern stellen eine Besten-Auswahl dessen dar, was sich bei den von der Autorin moderierten Coachings und Change-Projekten als praktikabel und hilfreich erwiesen hat.

Die Methodenbeispiele sind alle entlang einer angenommenen Veränderungssituation skizziert: Ein ca. 20 Personen umfassendes Universitäts-Institut führt auf Initiative des neuen Lehrstuhlinhabers und Institutsleiters eine speziell für den akademischen Forschungsbereich entwickelte Collaboration-Software ein. Sie soll die zentrale Plattform werden, mit der alle Institutsmitglieder arbeiten: der Professor/Institutsleiter, festangestellte wissenschaftliche Mitarbeitende, Doktorandinnen, administratives Personal, studentische Hilfskräfte, Praktikanten. Die Software umfasst u.a. Office-Anwendungen, Tools zur Arbeitszeiterfassung, Projektmanagement-Apps (inkl. Budgetsteuerung), Kommunikations-Features wie Videokonferenzen und Messenger sowie eine cloudbasierte Dateiablage. Zahlreiche „handgestrickte" Einzellösungen und IT-Silos sollen von dieser Gesamtlösung abgelöst werden. Die Grundsatzentscheidung dazu ist getroffen, die Veränderung steht nicht mehr zur Disposition. Wie können die Individuen im Institut ihre – erwartungsgemäß unterschiedlich ausgeprägte – Veränderungsbereitschaft und -kompetenz trainieren und ausbauen?

Mentaltraining

Mentaltraining ist der Sammelbegriff für Methoden, die auf die Veränderung der eigenen Denkweise ausgerichtet sind. Der Wortstamm (lat. Mens = Geist) ist derselbe wie beim bereits erläuterten Konzept des Mindsets bzw. der Mindset Traits. Mit Mentaltraining zielt das Individuum also darauf ab, entweder langfristig sein übergeordnetes Mindset zu verändern oder sich in einer bestimmten Veränderungssituation auf andere Denkinhalte bzw. Einstellungen/Haltungen auszurichten. Ermöglicht wird Mentaltraining durch die Fähigkeit des menschlichen Gehirns zur Neuroplastizität: Wir sind nicht Opfer unserer im bisherigen Lebensverlauf gebildeten synaptischen Verschaltungen und neurobiologischen Routinen. Diese sind veränderbar, wenn man mit ausreichend Disziplin lernt, Regie über die eigenen Gedanken zu führen. Andere Begriffe hierfür sind: Gedankendisziplin, Gedankenhygiene, positives Denken, kognitives Training.

Mentaltraining 1: Der goldene Zirkel und das Sinnempfinden

Der US-Unternehmensberater Simon Sinek hat etwas wieder populär gemacht, was schon Jahrzehnte zuvor der deutsche Philosoph Friedrich Nietzsche formulierte. Nietzsche sagte sinngemäß: Wer ein Warum hat, kann das Wie ertragen. Sinek rät rund 100 Jahre später (Sinek 2014): Beginne mit dem Warum, wenn du dich oder andere Menschen für etwas – beispielsweise eine Veränderung – begeistern willst. Mit der Überzeugung, dass das Warum im Mittelpunkt aller Motivation, Kommunikation und Führungsarbeit stehen sollte, skizzierte Sinek den Goldenen Zirkel:

- Zuerst finde man einen Sinn (*Warum* ist die Veränderung notwendig und der Mühe wert?).
- Dann definiere man seine Haltung und seine Qualitätsansprüche (*Wie*, in welchem Geiste will ich mich der Veränderung stellen?).
- Und erst am Schluss lege man Maßnahmen zur Zielerreichung fest (*Was* genau tue ich bis wann?).

Damit knüpft das Konzept des goldenen Zirkels an Klassiker der Motivationspsychologie an: Motivation (von lat. movens = bewegen) entsteht nachhaltig nur, wenn der Mensch einen Beweg-Grund für ein Ziel hat. Das nennt man intrinsische Motivation: Das Ziel erfüllt den Menschen mit einem Sinnempfinden. Anders ausgedrückt: „Die Tätigkeit ist in sich selbst belohnend." (Sprenger 2009).

Warum braucht es die Veränderung?

Wie, in welchem Geiste stelle ich mich der Veränderung?

Was genau tue ich für die Veränderung?

Abb. 2: Der Goldene Zirkel nach Simon Sinek bezogen auf Veränderungssituationen (eigene Darstellung)

Wenn es Menschen in einer Veränderungssituation dauerhaft nicht gelingt, einen Sinn in der Veränderung zu sehen bzw. das eigene Engagement als sinnvoll zu empfinden, dann werden sie sich nicht nachhaltig für die Veränderung einsetzen. Es fehlt dann die Compliance. Der eigentlich aus der Jurisprudenz (Rechtstreue) bzw. Medizin (verlässliches Befolgen der verordneten Therapie) stammende Begriff meint im Kontext von Change: das tätige und zuverlässige Mitwirken einer Person an einem Veränderungsprojekt. Führungskräfte sind auf die Compliance ihrer Beschäftigten angewiesen, wenn Change zum Erfolg werden soll.

Sinnsuche bei Einführung einer neuen Instituts-Software:

Führungskräfte und Beschäftigte analysieren und visualisieren in Workshops, welche Vorteile die neue Software für das Institut und seine Stakeholder bringt. Mit den aus dem agilen Projektmanagement stammenden Methoden Use Case und User Story kann beschrieben werden, welche Stakeholder (z.B. Institutsleiter, wissenschaftliche Mitarbeiter, externe Partner, Hochschul-Verwaltung) welchen Nutzen erzielen können. Es sollten nach

23

Einführung der Software auch regelmäßig Best-Practice-Beispiele, Testimonials zufriedener Nutzer und andere Vorteile im Team publiziert werden. Daraus ergibt sich entweder der Nutzen- und Sinnbeweis (proof of concept) oder es werden Verbesserungs-Anforderungen klar, deren Bewältigung dann wieder zum Sinnempfinden beitragen können.

Mentaltraining 2: Veränderungen in Zielen ausdrücken

Veränderungen – vor allem wenn sie eine größere Dimension haben – sollten in konkrete und überschaubare Etappenziele heruntergebrochen werden. Beispiel: Das große und daher diffuse oder sogar abschreckende Veränderungsthema „gesünderes Leben" wird fass- und führbarer, wenn es sich in konkreten Zielen wie „pflanzenbasierte Ernährung" und „regelmäßiger Kraft-Ausdauer-Sport" darstellen lässt.

Grundsätzlich gibt es zwei Arten, Ziele zu formulieren (Storch 2009):

Motto-Ziele (auch Affirmationen genannt) beziehen sich auf die innere Haltung (Mindset) und die Gefühle. Handlungs- und Aktivitätsziele stellen in den Mittelpunkt, was man konkret tun will. Bevor man entscheidet, welche Ziel-Art zur Situation passt, muss man sich ehrlich über die eigene Motivation zur Erreichung des Ziels klar werden. Faustformel: Wer von dem Ziel begeistert oder zumindest angetan ist und schon Ideen hat, wie es anzupacken wäre, für den sind Handlungs- und Aktivitätsziele passend. Wer mit der Veränderung und den dafür notwendigen Etappenzielen jedoch aus irgendwelchen Gründen hadert (z.B. gefällt mir die Veränderung generell nicht, ich empfinde die Disziplin zur Umsetzung der Ziele als lästig oder ich habe Versagensängste), der sollte zunächst mit Motto-Zielen arbeiten. Grund: Motto-Ziele haben das Potenzial, unsere (oft unbewussten) Gefühle zu dem Ziel mit unserem Verstand/Willen zu versöhnen. Geschieht dies nicht, werden die Gefühle langfristig immer über Verstand und Disziplin siegen – und man erreicht das Ziel und die Veränderung nicht auf nachhaltige Weise, sondern produziert bestenfalls Veränderungs-Strohfeuer.

So sehen die beiden Ziel-Arten aus:

Das *Motto-Ziel* (entlehnt aus dem Zürcher Ressourcen-Modell, s. Köster 2021) ist eine selbst gebildete Metapher, mit der man das gewünschte Verhalten unter ein bestimmtes Motto (eine Affirmation) stellt. Dieses Motto sollte positive Gefühle vermitteln, Energie für die Erreichung des Ziels freisetzen und eine förderliche Haltung (Mindset) kultivieren. Damit überschreitet man laut ZRM den "Rubikon" – also einen Punkt, hinter dem die Zielerreichung wahrscheinlicher wird. Zusammengefasst: Motto-Ziele stellen das Verhalten unter ein Motto, das die Zielverfolgung positiv emotional auflädt. Für das o.g. globale Veränderungsthema "gesünderes Leben" könnte ein Motto-Ziel für einen leistungsorientierten, technikaffinen Ingenieur lauten: "Ich pflege meinen Motor regelmäßig in Boxenstops." Mit dieser Formulierung gibt er sich quasi die Erlaubnis, seinem "Hochleistungsmotor" auch einmal Wartung, Leerlauf und Pflege zu gönnen – ein emotionaler Türöffner, um die bei einem solchen Persönlichkeitstypen womöglich verpönte Entspannung und Freizeit zu rehabilitieren.

Das *Handlungs- und Aktivitätsziel* ist passend, wenn man die Veränderung positiv sieht und schon eine konkrete Vorstellung vom notwendigen Verhalten hat. Der o.g. Ingenieur, der trotz Leistungsorientierung bereits Sehnsucht nach Lifetime Balance und Entspannung hat, es im Alltag "nur" noch nicht konsequent umsetzt, könnte formulieren: "Ich beende meine Jobaktivitäten freitags um 16 Uhr und widme mich an Wochenenden der Erholung und Treffen mit Freunden. So lade ich meine Akkus bis Montag wieder auf." Solche Ziele sollten POSITIV formuliert sein (Abwandlung der SMART-Methode):

P = positiv als Annäherungs-Ziel ("hin zu etwas"), ohne Verneinung/Vergleich

O = ökologisch (ohne nennenswerte innere Widerstände und im Bewusstsein, dass die Zielerreichung auch eine Preis kosten könnte)

S = mit den Sinnen wahrnehmbar, konkret, handlungsorientiert

I = individuell, realistisch, selbst kontrollier- und initiierbar

T = testbar, überprüfbar, messbar

I = interessant, relevant, attraktiv, motivierend

V = vollzogen, als ob es schon erreicht wäre, Ich-Form im Präsens

 Motto-Ziele und Handlungs-Ziele bei der Einführung einer neuen Instituts-Software:

Die Mitglieder des Instituts könnten sich individuell (ggf. unter Anleitung eines Team-Coaches) und als Gruppe Motto- und Aktivitätsziele wie folgt geben:

- Motto-Ziel von Tim, einer technikaffinen, zu Genauigkeit neigenden Person, die bisher ihre Arbeitszeit in eigenen Excel-Listen gepflegt hat: „So genau wie ein Schweizer Uhrwerk pflege ich meine Arbeitszeiten in die neue Zeiterfassungssoftware ein."

- Motto-Ziel von Maren, einer geselligen, auf gutes Betriebsklima bedachten Person, die Videokonferenzen emotional unbefriedigend findet: „Mit den jetzt möglichen Videokonferenzen bringe ich alle Projektbeteiligten zusammen, als ob wir an einem großen Tisch in der Familienküche sitzen."

- Aktivitätsziel von Katrin, einer Verwaltungskraft, die bisher über viele Kanäle Termin- und Raummanagement betrieben hat: „Ich nutze ab sofort für Termineinladungen und Raumbuchungen konsequent nur noch den elektronischen Gruppenkalender und verzichte auf Parallelvorgänge per Mail und Telefon. Das gibt mir einen perfekten Überblick."

- Aktivitätsziel von Bernd, einer in IT-Anwendungen unerfahrenen Person, die Überforderung fürchtet: „Immer, wenn ich mit der neuen Software nicht weiterkomme, dann frage ich sofort jemanden um Rat. So lerne ich und setze meine Zeit effizient ein."

Mentaltraining 3: Re-Framing

Insbesondere bei Zielen und Veränderungsprojekten, die eines oder mehrere der folgenden Kriterien erfüllen, durchlaufen Menschen typischerweise emotionale Stadien: Ziel/Veränderung

- ist nicht selbst gewählt
- wird „von oben" oktroyiert
- ist mit krisenhaften Zügen behaftet
- muss unter Zeitdruck erfolgen bzw. steht in Konkurrenz zu anderen Projekten
- hat unattraktive Konsequenzen; zieht lästige Notwendigkeiten nach sich

Der typische emotionale Entwicklungsweg wird im Konzept des House of Change beschrieben, das seinerseits auf die Trauerforschung von Elisabeth Kübler-Ross zurückgeht. Es existiert in vielen Varianten.

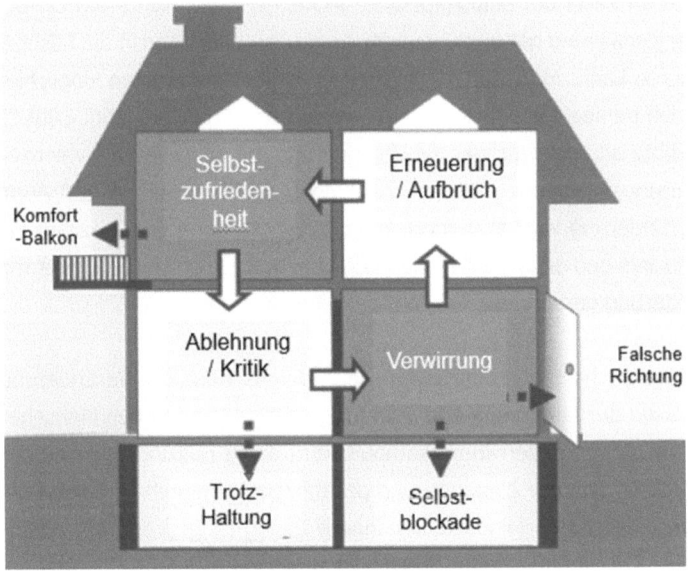

Ahh 3: Das House of Change – emotionale Phasen in Veränderungs-Projekten (eigene Darstellung)

27

Ausgangspunkt ist die Selbstzufriedenheit. Man findet den Status-quo gut, hat sich – wie in Hermann Hesses Gedicht „Stufen" gleichsam „traulich eingewohnt" und es „droht Erschlaffung". Von diesem Zimmer geht der Komfort-Balkon ab, auf dem man sich in der vermeintlichen Sicherheit des Ist-Zustandes sonnt. Dann kommt – unerwünschterweise – der Veränderungsimpuls! Sofort, geradezu reflexhaft zieht man um ins Zimmer der Ablehnung. Man findet Argumente – für den Status-quo und gegen die Veränderung. Besonders hartnäckige Kritiker steigen herab in den Keller der Trotz-Haltung. Wer hier dauerhaft verharrt, wird viel Stress, soziale Ausgrenzung und berufliche Nachteile erleiden. Für die meisten jedoch, die nicht völlig vernagelt und innerlich gekündigt sind, geht es nach einer Zeit weiter ins Zimmer der Verwirrung. Kollegen scheinen der Veränderung positiver gegenüberzustehen – warum nur? Das ein oder andere Argument „pro Veränderung" klingt gar nicht so unlogisch. Und doch: Es bleiben die eigene Ablehnung, Komfortzonen-Sehnsucht und Versagensangst. Wer in diesem inneren Gezerre steckenbleibt, sitzt im Keller der Selbstblockade: nichts geht vor, nichts zurück. Das Zimmer der Verwirrung hat auch einen Ausgang, der allerdings in die falsche Richtung führen kann: Man läuft vielleicht weg, bleibt unter seinen Möglichkeiten, gibt einen perspektivreichen Job auf, verbaut sich Chancen, lehnt Entwicklungsangebote ab usw. Nur wer die Veränderung mit all ihren Ambivalenzen und Zumutungen annimmt, kommt ins Zimmer von Erneuerung und Aufbruch: Die Veränderung wird akzeptiert, man investiert Mühe und Disziplin in die Etappenziele und entwickelt sich weiter. Und hoffentlich stellt sich der mit der Veränderung verbundene Nutzen, der Sinn ein.

Neuralgische Stellen in diesem Gang durchs Haus der Veränderung sind die Phasen der Ablehnung und Verwirrung. Beide können den Menschen in sackgassenartige Kellerräume katapultieren: Trotz-Haltung und Selbst-Blockade. Beide emotionale Zustände sind gekennzeichnet durch ein toxisches, destruktives, defizitäres Mindset. Der innere Dialog ist geprägt von etwas, das der Laie „Killerphrasen" oder „Totschlagsargumente" nennt. Die Methode des Re-

Framing kann helfen, sich selbst aus dieser Falle zu befreien. Sie hat vier Schritte:

1. *Achtsamkeit*: Gerade in (ungeliebten oder anstrengenden) Veränderungssituationen sollte man ganz bewusst seine Gedanken wahrnehmen, sich selbst beim Denken zuhören. Laut Hirnforschung denkt der durchschnittliche Erwachsene pro Tag etwa 70.000 Gedanken – die meisten davon sind negativ, und das merken wir oft gar nicht. Aber nur wer seine negativen Gedanken erkennt, kann den nächsten Schritt der Methode gehen. Eine hilfreiche Leitfrage, die man sich mehrmals am Tag stellen sollte, lautet: „Wie geht es mir gerade?"

2. *Unterbrechung*: Jedes Mal, wenn man einen toxischen, pessimistischen, destruktiven Gedanken in sich wahrnimmt, sage man sich innerlich (unhörbar für die Umwelt) vehement „Stop!". Man kann sich zusätzlich Stop-Verkehrszeichen vorstellen. Außerdem ist es hilfreich, mit dem Stop-Befehl immer die gleiche kleine symbolische Geste zu vollführen, z.B. leicht mit dem Fuß aufstampfen oder die Faust ballen.

3. *Re-Framing*: Frame bedeutet auf Englisch Rahmen. Hinter diesem Schritt steckt die neurobiologische Erkenntnis, dass der Mensch in jedem wachen Moment die Regie darüber hat, was er genau jetzt denken will. Der innere Dialog ist für einen psychisch gesunden Menschen zu jeder Zeit steuerbar. Und daher sollte man den unter 1) bemerkten und unter 2) gestoppten destruktiven Gedanken nun sofort durch einen konstruktiven Gedanken ersetzen. Diese Schritte 1 bis 3 sind keine Zauberstab-Technik, die sofort alles verändert, sondern sie müssen mit Disziplin immer und immer wieder ausgeführt werden.

4. *Konstruktiv handeln*: Die bewusste Entscheidung für einen konstruktiven Gedanken bahnt nun den Weg, um sich in der betreffenden Situation auch anders zu verhalten – statt trotzig oder selbstblockierend stärker lösungsorientiert, neugierig, vertrauensvoll usw.

Re-Framing bei Einführung einer neuen Instituts-Software:

Der dienstälteste Forscher im Institut, Bernd, hat schon viele Projekte begleitet, drei Institutsleiter mit ihren jeweils eigenen Vorstellungen über sich gehabt und manch erfolgreiches und gescheitertes Veränderungsprojekt erlebt. Er übt Re-Framing, um sein zu Resignation und Stagnation tendierendes Mindset auf Trab zu bringen:

1. Achtsamkeit: Bernd übt – z.B. durch bürotaugliche Entspannungsübungen und das Führen eines Job-Tagebuchs (Journaling) – bewusster auf seine Gedanken zu hören und sein Mindset wahrzunehmen. Er nimmt sehr oft den Satz wahr: „Schon wieder wird eine Sau durchs Dorf getrieben. Ich brauche das nicht. Es läuft doch alles ...‟

2. Unterbrechung: Bernd sagt sich nach einem solchen Gedanken immer – wenn es sein muss, Dutzende Male am Tag – „Stop‟ und drückt als konditionierende Geste kurz einmal Daumen und Zeigefinger der rechten Hand zu einem O zusammen. Dieses Ritual erinnert ihn daran, dass er Regie über seine Gedanken führen und konstruktiver werden möchte. Grund: Er weiß, dass ihm seine Forschungstätigkeit sehr viel Freude macht und er sich ins Abseits oder die zwangsweise Frühpensionierung manövrieren würde, wenn er im „Keller des Trotzes‟ sitzen bleibt.

3. Re-Framing: allein, im Brainstorming mit Kollegen oder mit Unterstützung eines Coaches hat Bernd Alternativ-Sätze zu seiner o.g. Killerphrase entwickelt, an die er sich nach dem „Stop‟ sofort erinnert: „Der neue Institutsleiter katapultiert uns ins moderne Zeitalter.‟ oder „Ich will am Ball bleiben, denn ich liebe meine Arbeit hier.‟ oder „Ich gebe der Software eine Chance.‟ oder „Wäre doch gelacht. Ich Oldie zeige den Jungen, was ich draufhabe.‟

4. Konstruktiv handeln: Bernds Mentaltraining zeigt sich in diesem Beispiel besonders positiv in seinem Nicht-Handeln – kein Jammern, kein „haben wir schon immer so gemacht‟, kein Verbreiten schlechter Laune, keine gespielte Hilflosigkeit „weil ich ja schon 50 plus bin‟ usw.

PLATZ FÜR NOTIZEN

PLATZ FÜR NOTIZEN

Verhaltenstraining

Wer mit Mentaltraining die eigenen Gedanken so ausrichtet, dass er einen Sinn in der Veränderung sucht, sie in erstrebenswerte Ziele herunterbricht und Killerphrasen in konstruktive innere Dialoge umwandelt, der erhöht seine Chancen, auch das eigene Verhalten in den Dienst des Veränderungs-Erfolges zu stellen.

Verhaltenstraining 1: Willenskraft stärken

Wenn ein Mensch an Veränderungszielen arbeitet, wird im Gehirn regelmäßig das sogenannte Absichtsgedächtnis aktiviert. Das ist der Teil des Gehirns, in dem der bewusste Wille, die Disziplin und die Aufmerksamkeit für die Zielerreichung angesiedelt sind. Jeder Mensch verfügt über ein solches Absichtsgedächtnis, allerdings braucht die Aktvierung und Nutzung dieses Hirnareals eine vergleichsweise hohe Energie. Da das Gehirn wegen seines ohnehin schon immens hohen Energiebedarfs jede Gelegenheit zum Energiesparen nutzt (Sparsamkeitsprinzip, s.o.), arbeitet das Absichtsgedächtnis nicht automatisch und ist kein Verbündeter, auf den sich der veränderungswillige Mensch blind verlassen könnte. Lässt man in Bewusstheit, Disziplin und Fokus nach, biegt das Gehirn schnell wieder in Richtung alter Gewohnheiten, vermeintlicher Sicherheiten und entspannter Komfortzone (Lustprinzip) ab.

Das Absichtsgedächtnis, auch Willenskraft genannt, kann man durch folgende Maßnahmen stärken und trainieren:

- *Selbstwirksamkeit*: Statt sich die Veränderung und die damit verbundenen Maßnahmen von anderen (z.B. Führungskräften) diktieren zu lassen, sollte man selbst aktiv Verantwortung übernehmen und die Veränderung für sich umsetzen. Das Gehirn schüttet mehr veränderungsförderliche Glückshormone aus, wenn der Mensch das Gefühl hat, auf dem Fahrersitz und nicht auf der Rückbank der Veränderung zu sitzen.
- *Planungsfähigkeit und Durchhaltevermögen*: Klassische Methoden des Selbst- und Zeitmanagements helfen auch bei Veränderungszielen. Dazu gehören z.B. Was-Wann-Wie-Pläne, die Anti-Aufschieberitis-Regel

„unangenehme Dinge zuerst erledigen" sowie der Tipp, veränderungsförderliche Aktivitäten nicht dem Zufall überlassen, sondern sie besser als
expliziten Kalendertermin mit sich selbst oder anderen Menschen zu vereinbaren. Außerdem kann das aus dem Zürcher Ressourcen-Modell stammende Veränderungs-Logbuch helfen: Man nehme sich z.b. am Freitag
die nächste Arbeitswoche gedanklich vor. Welche sogenannten A-Situationen erwartet man, in denen das angestrebte veränderte Verhalten ver-
mutlich schon leichtfallen wird? Kommen auch B-Situationen auf einen
zu? Diese sind zwar planbar, es könnte jedoch schwierig werden, das
angestrebte veränderte Verhalten schon (zur Gänze) zu zeigen? In B-Situationen können Wenn-Dann-Vereinbarungen mit sich selbst helfen:
„Wenn es am Mittwoch in der Kantine Apfelstrudel gibt, nehme ich mir
einen Apfel zum Nachtisch." C-Situationen sind unplanbar und bergen das
Potenzial, mit seinem Veränderungsziel noch zu scheitern. Diese sind
dann ohne Selbstabwertung nachträglich im Logbuch zu notieren. Man
kann sie anschließend analysieren und sich für das nächste Mal ein ange-
messeneres Vorgehen überlegen – damit macht man sie gleichsam zu B-
Situationen.

- *Fokussierung*: Führt ein Mensch eine neue, ungewohnte Handlung aus,
  dann ist er besonders leicht ablenkbar. Deswegen empfiehlt es sich, ver-
  änderungsrelevante Aktivitäten besonders konzentriert auszuführen und
  (potenzielle) Störungen wie etwa Telefonanrufe oder Handy-Signaltöne
  von vorneherein auszuschalten.

- *Emotionssteuerung*: Veränderungsphasen sind naturgemäß von Teilerfol-
  gen und Rückschlägen gekennzeichnet. Rückschläge – das sind Situationen, in denen man das gewünschte Verhalten noch nicht hat zeigen können – können in o.g. Logbuch eingetragen und analysiert werden. Außerdem sollte im Falle von Selbstvorwürfen („wie konnte das nur passieren?",
  „da habe ich mal wieder versagt") die Methode Re-Framing aus dem Mentaltraining angewandt werden. Eine konstruktive Fehlerkultur ist ebenfalls
  wichtig, um Rückschläge in Lern-Chancen umzuwandeln. Wenn etwas auf
  dem Weg zur Zielerreichung gut gelungen ist, sollte man sich belohnen.

- *Embodiment*: Dass der Körper ein Spiegel der Seele ist, ist hinreichend bekannt. Weniger bekannt ist die Tatsache, dass man sich durch bewusst eingenommene Körperhaltungen emotional selbst beeinflussen kann. Diese Methode ist eine der Erkenntnisse der noch jungen Forschungsrichtung namens Embodiment (Storch u.a. 2010). So wirkt sich z.B. ein bewusst erzeugtes Lächeln stimmungsaufhellend aus. Wer sich in eine aufrechte, stolze Körperhaltung begibt, kann sein Selbstbewusstsein stärken und seine Disziplin bei einer „nervigen" Tätigkeit erhöhen. In Veränderungsphasen und bei der Umsetzung von Zielen sollte man daher regelmäßig bewusst positive, aufrechte, fröhliche und aktive Körperhaltungen einnehmen (z.B. Kopf heben, Brustkorb weiten, lächeln) oder Körperbewegungen vollführen (z.B. aufstehen, die Arme in einer Art Siegerpose über den Oberkörper heben, in die Luft hüpfen, eine Siegerfaust ballen).

- *Erinnerungshilfen*: Im Rahmen des Mentaltrainings formulierte Ziele (Motto-Ziele/Affirmationen oder Handlungsziele, s.o.) sowie Re-Framing-Botschaften können in ihrer Wirkung unterstützt werden durch dingliche Symbole. Diese werden auch Anker genannt. Es kann sich um kleinere oder mittelgroße (wohnungs- und bürotaugliche) Gegenstände sowie um Bilder oder Fotos handeln. Der Zweck dieser Anker ist es, den Besitzer immer wieder daran zu erinnern, dass man zur Erreichung eines Veränderungsziels eine bestimmte Handlung tun oder lassen will. Deswegen sollten die Erinnerungshilfen an Orten stehen oder hängen, die die Person oft aufsucht – im Büro z.B. nahe des PC-Monitors, zu Hause z.B. an Kühlschranktür oder Badezimmerspiegel.

- *Umgang mit Sprache*: Sprache formt Bewusstsein und Verhalten sehr viel mehr, als man es sich im Alltag träumen lässt. Menschen in Veränderungssituationen sollten daher genau auf ihre Wortwahl achten – und sich auch in einem Team gegenseitig auf Verbesserungsmöglichkeiten aufmerksam machen. Negative Formulierungen, Abwertungen, Frust-Begriffe, Jammer-Ausdrücke, Selbst-Abwertung usw. gilt es zu ersetzen durch lösungsorientierte, positive Formulierungen.

Willenskraft bei Einführung einer neuen Instituts-Software:

Einzelne Personen und das Team als Ganzes können folgende Maßnahmen umsetzen:

Selbstwirksamkeit: Verwaltungskraft Katrin beschließt, ihre Zuständigkeit für das Online-Termin- und Raummanagement aktiv anzunehmen, auch wenn es ihr schwerfällt. Sie schlägt dem Institutsleiter vor, dass er ihr Vorschussvertrauen gibt und sie sich nur noch in ihrer monatlichen Jourfixe über Verbesserungen austauschen.

Planungsfähigkeit und Durchhaltevermögen: Maren stellt sich ihren Vorbehalten gegen Videokonferenzen und führt ein Veränderungs-Logbuch. Beherrschbare A-Situationen sind für sie inzwischen das Login in die Videokonferenz-App, denn das hat sie geübt. Auf planbare B-Situationen bereitet sie sich vor. Das sind Video-Calls, in denen sie ihren Bildschirm teilen muss. Maren fürchtet, dass es technisch nicht immer klappt und sie sich dann vor dem Team blamiert. Ihre Wenn-Dann-Vereinbarung mit sich selbst lautet: „Wenn ich nicht sofort das Screen Sharing hinbekomme, bitte ich einen Kollegen, seinen Tagesordnungspunkt vorzuziehen und schließe mich dann in Ruhe seinen Ausführungen an, nachdem ich den Befehl für`s Sharing gefunden habe." C-Situationen sind Einladungen zu ungeplanten Video-Sofortbesprechungen, in denen sie mitunter wegen der Vielzahl ihrer geöffneten Monitor-Frames durcheinanderkommt. Maren legt sich für die Zukunft den Plan zurecht, den Einladenden einer Video-Sofortbesprechung zu bitten, ihr eine Minute Zeit für das Schließen nicht benötigter Franes zu geben.

Fokussierung: Das Team vereinbart miteinander, wie man sich ungestörte und konzentrierte Arbeitszeit verschafft. Dafür wird die (Nicht)-Verfügbarkeitsanzeige des elektronischen Kalenders genutzt. Steht die Ampel auf Rot, soll keine den anderen ansprechen oder anrufen.

Emotionssteuerung: Forscher Bernd hatte sich ja bereits der Methode Re-Framing angenommen und setzt diese auch bei Rückschlägen in der Anwendung der neuen Software ein. Den inneren Satz „Da habe ich mal wieder versagt." definiert er beispielsweise um in „Hier konnte ich jetzt lernen, wie ich beim nächsten Mal ..." Im Rahmen der Team-Fehlerkultur (s.u.) präsentiert Bernd in jedem FuckUp-Meeting zur großen Erheiterung der Kollegen seine lustigsten IT-Pannen. Vom Team hat er das letzte Mal für sein Durchhaltevermögen einen kleinen Restaurantgutschein bekommen.

Embodiment: Das Team hat beschlossen, während der Arbeit den Körper stärker einzusetzen, um sich auf ein höheres Energieniveau zu bringen. Die Morgenbesprechung absolvieren sie alle im Stehen – egal ob jemand an der Hochschule ist oder sich vom Homeoffice telefonisch einwählt. Der technikaffine Tim hat schicke Bildschirmschoner-Dateien für die Kollegen entwickelt, die daran erinnern, regelmäßig zu lächeln, tief durchzuatmen oder einmal eine Siegerpose einzunehmen.

Erinnerungshilfen: Tim kämpft noch immer mit seiner Disziplin, seine Arbeitszeit in das neue Erfassungstool einzutragen. Gemäß seines Motto-Ziels „Wie ein Schweizer Uhrwerk ..." s.o.) könnte er sich ein kleines Tisch-Ührchen neben seinen Laptop stellen, das ihn an diese Pflicht erinnert.

Umgang mit Sprache: Das Team hat ein Ritual vereinbart, um negative Sprache zurückzudrängen. Immer, wenn ein Kollege oder eine Kollegin jammert, pessimistisch ist, sich bzw. andere abwertet oder das Haar in der Suppe sucht, darf jemand anderes laut rufen „Sonnenschein!". Das ist das Codewort für die Team-Regel, sich um ein positives Mindset zu bemühen.

Verhaltenstraining 2: Selbstführung anwenden

Veränderungssituationen und Zeiten, in denen man sich für die Erreichung von Zielen einsetzt, sind Zeiten erhöhten Energiebedarfs. Das beginnt mit dem Kraftaufwand des Gehirns, das bei der Entwicklung und Etablierung neuer Denk- und Verhaltensweisen von seinen komfortablen „Synapsen-Autobahnen" auf anstrengendere „Trampelpfade" abbiegen muss. Und es endet mit dem täglichen Aufgaben- und Terminmanagement, denn Veränderungsphasen bringen meist zusätzliche Zeitaufwände mit sich – für Schulungen, Übungen, Try-and-Error-Aktivitäten, kollegiale Unterstützung, Retrospektiven, Evaluierungen, Lessons-Learned-Analysen u.v.m. Deswegen gehört es zum veränderungsförderlichen Verhaltenstraining, in solchen Zeiten ganz besonders auf konsequente Selbstführung zu achten. Die zahlreichen zur Verfügung stehenden Methoden aus den Feldern

- Zeit- und Kalendermanagement,
- Priorisierung und Aufgabenstrukturierung,
- Arbeitsplatz- und Dateiorganisation,
- Meeting und Moderation sowie
- Aufgaben- und Projekt-Management

sollen hier nicht wiederholt werden, da sie in zahlreichen Publikationen bereits hinreichend dargelegt wurden (Koenig u.a. 2005, Seiwert 2018). Wichtig für Menschen mit ambitionierten Zielen bzw. Menschen in Veränderungsphasen ist es, die eigenen Bedürfnisse und Schwerpunkte bei der Verbesserung ihrer Selbstführung zu erkennen und sie – gegebenenfalls mit professioneller Hilfe – anzupacken.

Selbstführung bei der Einführung einer neuen Instituts-Software:

Beispielhaft für eine Vielzahl an Möglichkeiten könnten Akteure folgendes tun:

Zeit- und Kalendermanagement: Bernd weiß, dass er am Institut von allen den höchsten Lern- und Trainingsbedarf hat, um mit der neuen Software zurecht zu kommen. Er legt sich daher nicht nur für die obligatorischen Schulungen feste Kalendertermine an, sondern auch für die Nachbereitung: Tutorials nochmals anschauen, Anwendungen üben, in den FAQ im Intranet nach Lösungen für Probleme suchen, ins Sparring mit erfahreneren Kollegen gehen. Bernd weiß, dass er diese Zeitaufwände nicht dem Zufall überlassen darf, denn dann fallen sie wegen zahlreicher anderer Aktivitäten oft hinten herunter. Bernd bespricht mit dem Institutsleiter, welche seiner anderen Tätigkeiten er im laufenden Quartal herunterpriorisieren kann, damit Zeit für die Software-Einarbeitung frei wird.

Priorisierung und Aufgabenstrukturierung: Der technikaffine Tim hat die Aufgabe übernommen, die Vorschlags-Mailbox zu managen, in die alle Instituts-Mitarbeitende ihre Erfahrungen und Optimierungsideen bezüglich der neuen Software schicken können. Relevante Themen soll Tim bündeln und in die nächste Teamsitzung mitbringen. Er wendet hierfür die „Direkt-" bzw. „OHIO-Methode" (only handle it once) an: Er liest täglich während eines halbstündigen, in seinen Kalender eingetragenen Termin-Slots neue Mails durch und entscheidet direkt, ob er a) sie archiviert, b) dem Absender eine Kurzbesprechungsanfrage für Nachfragen schickt oder c) das Thema gleich auf die Agenda für das nächste Team-Meeting setzt. Außerhalb des Termin-Slots schaut er nicht in die Vorschlags-Mailbox hinein. Versehentlich von Kollegen an seine persönliche Adresse geschickte Verbesserungsvorschläge schiebt er sofort zur späteren Bearbeitung in die Vorschlags-Mailbox.

Arbeitsplatz- und Dateiorganisation: Das Team einigt sich darauf, ein strukturiertes Informationsmanagement rund um die Einführung der neuen Software zu betreiben. Man will vermeiden, dass relevante Informationen in den vielen zur Verfügung stehenden Kanälen (Mail und Mail-Anhänge, Dateiablage lokal sowie in der Cloud, News-Feeds, Chats und Messanger) versanden und zerfasern. Dann findet niemand mehr irgendetwas. Stattdessen wird in der Instituts-Cloud ein eigenes Laufwerk angelegt, auf dem alle relevanten Informationen (z. B. Schulungsunterlagen, Tutorial-Videos, die FAQ-Liste, Kontaktdaten des Software-Helpdesks usw.) in sinnvoller Kapitelstruktur liegen. Maren ist dafür verantwortlich, hier regelmäßig aufzuräumen und auszumisten.

Aufgaben- und Projekt-Management: Um alle Aufgaben und Teilschritte rund um die Einführung der neuen Software im Blick zu behalten, führt das Team ein elektronisches Kanban-Board (auch bekannt als Scrum-Board oder agile board). Die tabellarische Darstellung listet in der ersten (linken) Spalte alle theoretisch möglichen Aktivitäten auf. In der zweiten Spalte werden daraus Prioritäten definiert und notiert, wer jeweils für sie zuständig ist. Die dritte bis fünfte Spalte ist dazu da, den jeweiligen Bearbeitungsfortschritt zu dokumentieren: von „laufend" über „in der Endabstimmung" bis „erledigt". Die sehr empathische und konfliktscheue Maren organisiert sich über Institutsleiter Michael noch ein kleines Budget, um mit einem Coach ihre Fähigkeit zu verbessern, Nein zu sagen und sich gegen kollegiale Wünsche abzugrenzen.

Meeting und Moderation: Institutsleiter Michael hat es sich zur Aufgabe gemacht, die im Rahmen der Software-Einführung notwendigen Meetings zu betreuen. Mit der Deklarierung zur „Chefsache" gibt er den Themen bewusst eine hohe Bedeutung. Damit die Akzeptanz des ohnehin schon meeting-geplagten Teams steigt, hält er sich an folgende Meeting-Regeln: 1) nur Themen mit echtem Diskussionsbedarf zum Meeting machen; andere Themen per Rund-Mail, Videobotschaft, Tutorial, Q&A Listen usw. kommunizieren und dem Team klarmachen, dass diese Informationen eine Holschuld sind; 2) stets in der Einladung einen Grund und die Ziele für das Meeting nennen; 3) vorab eine Agenda mit genauen Zeit-Slots sowie Anlagen (z.B. Entscheidungsvorlagen, Vorab-Infos) herumschicken; 4) nur die von den Agenda-Themen betroffenen Beschäftigten – zu den jeweiligen Zeit-Slots – einladen; 5) das

41

Meeting straff moderieren, Timeboxen konsequent einhalten, Vielredner und unnötige Diskussionsschleifen ausbremsen, bei Vertiefungsbedarf Aufgaben delegieren und einen Folgeprozess festlegen; 6) ein eindeutiges, detailliertes Protokoll (wer-was-bis wann) herumschicken und eigene Wiedervorlagen in den Kalender stellen. Zur Zeiteffizienz trägt auch bei, Meetings im Stehen zu absolvieren und keine Verpflegung anzubieten. Bei Video-Meetings gilt die Regel: Kamera an – Nebenbeschäftigung aus!

Verhaltenstraining 3: Reifegrad erhöhen und lernen

Veränderungen fordern das bestehende Know-how eines Menschen heraus. Bisherige Fähigkeiten und Fertigkeiten reichen nicht mehr aus – entweder ist es objektiv so (etwa, wenn eine internationale Firmenübernahme neue Fremdsprachenkenntnisse erfordert) oder der Mensch befürchtet die Unzulänglichkeit seines Wissens oder seiner Lernfähigkeit bloß. Letzteres ist auffallend oft bei technologischen Innovationen der Fall, etwa wenn wie in unserem Beispiel eine neue Computer-Anwendung eingeführt wird. Insbesondere IT-unerfahrene bzw. -unaffine Menschen setzen vorschnell voraus, dass sie dieser neuen Anforderung nicht gewachsen seien und verweigern sich ihr deshalb. Für Außenstehende (Kollegen, Führungskräfte, IT-Berater) erscheint dieses Verhalten als – oftmals schwer nachvollziehbares und frustrierendes – Nicht-Wollen. Ein Blick in das allseits bekannte Reifegradmodell nach Hersey und Blanchard gibt jedoch Hinweise darauf, dass das vermeintliche und schnell als böswillige Blockadehaltung fehl-interpretierte Nicht-Wollen in Wahrheit ein Nicht-Können ist. Beim sog. Mitarbeiter-Typ 1 bringt das Nicht-Können die Angst mit sich, als Versager blamiert dazustehen oder zum alten Eisen zu gehören. Beides versucht Typ 1 hinter einem (angeblichen) Nicht-Können zu verbergen – nach dem Motto: Wenn ich nichts tue, kann ich auch nichts falsch machen. Mitarbeiter-Typ 3 hingegen – der ein ganz anderes, nämlich selbstbewusstes und lösungsorientiertes Mindset hat – münzt sein Nicht-Können in die Motivation um, es baldmöglichst zu lernen und kalkuliert Rückschläge auf diesem Weg ein.

☺		
	Mitarbeiter-Typ ❸ : will, kann aber (noch) nicht	Mitarbeiter-Typ ❹ : will und kann
Motivation (wollen)	Mitarbeiter-Typ ❶ : will nicht u. kann (noch) nicht	Mitarbeiter-Typ ❷ : kann, aber will nicht (mehr)
☹ ☹	Qualifikation, Know-how (können)	☺

Abb. 4: Das Reifegradmodell nach Hersey und Blanchard (eigene Darstellung)

Lernen bei der Einführung einer neuen Instituts-Software:

Um aus der selbstgewählten Falle des Mitarbeiter-Typs 1 herauszukommen, muss man

- durch Selbstreflektion, moderierte Workshops, Coaching o.ä. sein limitierendes Mindset erkennen („kann /lerne ich nicht, ist mir zu hoch ...")
- durch diszipliniertes Mentaltraining eine sinngetragene Motivation für die neue Instituts-Software entwickeln sowie ein konsequentes Re-Framing seiner selbst-limitierenden Gedanken betreiben („kann ich noch nicht, aber bald", „früher habe ich schon dies und das erfolgreich neu gelernt", „mein Hirn ist fit genug für Neues" usw.)
- sich Zeit für die erforderlichen Schulungen nehmen und daran diszipliniert mitarbeiten sowie das Gelernte im Alltag anwenden
- eine ausreichende Fehler- und Frustrationstoleranz entwickeln, um Anlaufschwierigkeiten und Rückschläge zu verkraften
- seinen inneren Schweinehund überwinden und bei Fragen oder Problemen Kollegen um Hilfe bitten
- sich regelmäßig für den noch so kleinen Lern- und Anwendungsfortschritt loben

43

PLATZ FÜR NOTIZEN

Beziehungsmanagement

Mentaltraining und Verhaltenstraining liegen primär in der Verantwortung des Einzelnen. Doch es gibt noch eine weitere Ressource zur Unterstützung von Veränderungszielen: andere Menschen. Zur Individual-Ressource kommt die soziale Ressource hinzu, wie die folgenden drei Beispiel-Methoden zeigen.

Beziehungsmanagement 1: Modell-Lernen

Wenn ein Mensch in Veränderungssituationen ein reifer Mitarbeiter sein will, so entstehen die beiden Reife-Dimensionen Wollen und Können primär in ihm selbst. Jedoch können sowohl Motivation (Wollen) als auch Fähigkeiten und Fertigkeiten (Können) zusätzlich durch andere Personen Rückenwind erfahren. Besonders wirkungsvoll ist das Phänomen des Modell-Lernens, das u.a. Albert Bandura in seiner sozialkognitiven Lerntheorie beschrieben hat (Bandura 1976). Verwandte Begriffe sind Beobachtungs-, Nachahmungs-, Imitations- oder Identifikationslernen. Das Prinzip: Jeder Mensch beobachtet – bewusst oder unbewusst – andere Personen und vergleicht sich mit ihnen. Unter bestimmten Umständen kann der Mitmensch zum Vorbild bzw. Antreiber werden, z.B. wenn die Beziehung von Vertrauen und Sympathie geprägt ist, wenn Menschen einander bewundern, wenn ein Konkurrenzverhältnis den Ehrgeiz schürt usw. Dann schneidet sich Person A von Person B die sprichwörtliche „Scheibe ab", ahmt beobachtetes Verhalten nach, will es dem anderen gleichtun, strengt sich mehr an, baut eigene Blockaden ab oder entdeckt allein nicht erkannte Handlungsoptionen.

 **Modell-Lernen bei der Einführung einer neuen Instituts-Software:**

Auf Initiative von Institutsleitung, Führungskräften oder Mitarbeitenden können z.B. eingeführt werden:

- Mentoring: erfahrenere Kollegen werden Mentor für Jüngere
- Reverse Mentoring: IT-affinere, meist jüngere Teammitglieder werden Mentor für Ältere bzw. IT-unaffinere Kollegen

- Lern-Gruppen: Kollegen absolvieren als festes Teil-Team gemeinsam Software-Schulungen, verabreden sich zu Repetitorien und unterstützen sich im Alltag
- Inhouse-Trainer: bestimmte Team-Mitglieder werden in vertieften Schulungen zu Power-Usern ausgebildet und stehen institutsintern als Anlaufstelle, Problemlöser etc. zur Verfügung
- Reale oder virtuelle Bürogemeinschaften: IT-affine und mit der Software noch weniger vertraute Personen arbeiten über einen längeren Zeitraum räumlich sowie virtuell zusammen
- Change-Agenten: einige Team-Mitglieder übernehmen stellvertretend für den oft abwesenden und terminlich stark eingebundenen Institutsleiter die interne „Werbekampagne" für die neue Software und versuchen, dem Team den Sinn und Nutzen nahezubringen
- Öffentliches Lob: Team-Mitglieder, die sich besonders intensiv für die Software-Einführung einsetzen und sich vertieftes Wissen aneignen, werden öffentlich gelobt und erhalten Incentives

Beziehungsmanagement 2: Ressourcen-Pool

Das Zürcher Ressourcen-Modell empfiehlt, sich für die erfolgreiche Verfolgung von Zielen einen Ressourcen-Pool zu füllen. Eines der wichtigsten Elemente dieses Pools sind andere Menschen. Sie können dienen als

- *Erinnerungs-Quelle*: Jemand wird gebeten, Clues (Hinweisreize) abzusetzen, die einen anderen an ein gewünschtes Verhalten zu erinnern. Das kann ein vereinbartes Wort sein, eine Geste, eine akustische Äußerung wie beispielsweise ein Räuspern u.v.m. Wenn etwa Person A und Person B unter einem cholerischen Chef arbeiten und Person A sich vom Chef leicht zu emotionalem Verhalten provozieren lässt, dann kann Person A Person B bitten: „Immer, wenn du im Meeting merkst, dass ich schneller zu atmen beginne und einen roten Kopf bekomme, dann schenke mir bitte etwas Mineralwasser nach." Das Nachschenken ist der vereinbarte Hinweisreiz, der Person A daran erinnert, eine erlernte beruhigende

Atemtechnik einzusetzen, um sich vom Chef nicht wieder auf die Palme bringen zu lassen. Der psychologische Effekt dahinter ist die (Selbst)-Konditionierung.

- *Rechenschafts-Instanz:* Man vereinbart mit einem Menschen seines Vertrauens, dass er zu einem vereinbarten Zeitpunkt nachfragt, wie der Stand der Zielerreichung ist und ob man bestimmte Etappen im Mental- bzw. Verhaltenstraining absolviert hat. Der psychologische Effekt dahinter: Sobald man weiß, dass irgendwann gegenüber einem anderen Menschen Rechenschaft fällig ist, steigt dies die eigene Compliance, sich für das einmal getroffene Ziel einzusetzen. Ehrgeiz, Scham-Vermeidung, Stolz, Konkurrenzverhalten und ähnliche psychologische Mechanismen kommen hier zum Tragen.

- *Feedback-Geber:* Person A bittet Person B, sie in bestimmten – für die Veränderung und die Zielerreichung wichtigen – Situation zu beobachten und hinterher Feedback zu geben.

- *Vertrags-Partner:* Wer es ernst meint mit dem Veränderungs-Ziel und weiß, dass er von seiner Persönlichkeit her nur unter Druck gut funktioniert, kann mit einer anderen Person einen Vertrag abschließen. Wenn bestimmte Lernerfolge, neues Verhalten und Zieletappen nicht erreicht sind, können Disziplinarstrafen vereinbart werden (sanft: z.B. eine Grillparty fürs Team ausrichten; hart: z.B. Geldspenden an den Tierschutz leisten). Juristisch sind solche Verträge zwar nichts wert – aber psychologisch durchaus!

 **Ressourcen-Pool bei der Einführung einer neuen Instituts-Software:**

Erinnerungs-Quelle: Teammitglied Tim, der sich das o.g. Motto-Ziel „So genau wie ein Schweizer Uhrwerk pflege ich meine Arbeitszeiten in die neue Zeiterfassungssoftware ein." gegeben hat, vereinbart mit einer Kollegin für die nächsten drei Wochen: „Bevor du Feierabend machst, schickst du mir bitte kommentarlos eine E-Mail, in der das Bild einer Schweizer Uhr zu sehen ist. Das erinnert mich an das Eintragen meiner Arbeitszeit in die Software." Nach drei Wochen sollte sich das neue Verhalten verankert haben und keine Erinnerung mehr brauchen.

Rechenschafts-Instanz: Die Kollegen Bernd und Joshua, die gemeinsam an einer Software-Schulung teilgenommen haben, vereinbaren einen Plan: Wann wird welches Modul im Alltag nochmal geübt? Die Einhaltung des Plans kontrollieren die beiden wechselseitig.

Feedback-Geber: Maren ist im Institut ab sofort für die Vorbereitung (z.b. Einladungsmanagement) und Durchführung (z.b. Bildschirmteilung) der wöchentlichen Video-Teambesprechung zuständig. Sie bittet Joshua und Tim, ihr hinterher immer Feedback zu geben und Verbesserungsvorschläge aufzuzeigen. Später kann man dann vereinbaren, Feedback nur noch bei Bedarf zu geben.

Vertrags-Partner: Über die Instituts-Software sollen auch die für die wirtschaftliche Existenz des Instituts lebenswichtigen Drittmittelanträge vorbereitet werden. Institutsleiter Michael will die Notwendigkeit dieser Professionalisierung eindeutig demonstrieren und gibt die Selbstverpflichtung ab: „Wenn ich die Dateien und Antragsformulare für das nächste Projekt nicht vollständig und sauber in der neuen Software abbilde, dann bezahle ich unser nächstes Sommerfest."

Beziehungsmanagement 3: Fehlerkultur

Fehler sind verpönt. Menschen haben ein uraltes biologisches Programm, Fehler als negativ einzustufen und sie auch nicht gerne zuzugeben. In Veränderungsphasen und bei der Erreichung von Veränderungszielen erweist sich diese Fehler-Intoleranz allerdings oft als kontraproduktiv. Denn der nicht gemachte Fehler kann ein Hindernis auf dem Weg der Verbesserung sein und der vertuschte Fehler produziert womöglich teurere Folgekosten als das Zugeben des ursprünglichen Problems. Eine innovations- und veränderungsfreundliche Fehlerkultur im Unternehmen braucht deswegen die Mitwirkung von verschiedenen Ebenen (Strauss 2019):

Mitarbeitende sollten darin gecoacht werden,
- eigene Fehler zu sehen und zügig zuzugeben („fail fast"),
- sich verantwortlich zu fühlen, aus Fehlern zu lernen und voranzuschreiten („fail forward"),
- Ihre erkannten Lern- und Optimierungsfelder (im Wollen und Können, s.o.) konsequent zu bearbeiten.

Führungskräfte sollten
- von ihren Mitarbeitenden hohe Transparenz beim Melden von Problemen verlangen und im Gegenzug Vertuschen, Schönreden, Verzögern, Lügen etc. hart sanktionieren,
- von Mitarbeitenden aktiv Vorschläge und den Mut zu Kontroversen einfordern,
- regelmäßig in „FuckUp-" bzw. „Failure Meetings" über Probleme und abgeleitete Lektionen berichten lassen,
- individuelle Problem- und Fehlergespräche mit Beschäftigten führen und sie zur Personalentwicklung nutzen,
- Fehler und Lektionen/Lösungen/Best Practice dokumentieren,
- eigene Fehler zugeben sowie die eigene Meinung mit nachvollziehbarer Erklärung revidieren.

Die Unternehmensleitung schließlich sollte
- regelmäßige Dialoge mit allen wichtigen Stakeholdern (Kunden, Mitarbeitende, Geschäftspartner usw.) führen, um deren Erwartungen zu klären und Verbesserungswünsche zu erfahren,
- eine Belohnungs- und Bestrafungskultur pflegen, die die Lernfreudigen, Beweglichen, Verantwortungsvollen und Konstruktiv-Kritischen incentiviert und die Trägen, Taktierer, Ego-Spieler, Komfortzonen-Bewohner, Save-my-Ass-Typen, Perfektionisten und Kontroll-Freaks sanktioniert,

- einen Projekte- und Initiativen-TÜV einführen, der regelmäßig alle Aktivitäten auf den Prüfstand stellt, Erbhöfe auflöst, Angewohnheiten hinterfragt usw.,
- eine „Beerdigungskultur" etablieren, die für überholt oder überflüssig erachtete Aktivitäten würdevoll beendet,
- den Mut haben, eigene Fehler und Fehleinschätzungen zuzugeben.

 **Fehlerkultur bei der Einführung einer neuen Instituts-Software:**

Aus dem Katalog einer innovations- und veränderungsfreudigen Unternehmenskultur kann das Hochschul-Institut folgendes umsetzen:

Alle am Institut nehmen an einem Workshop „Fehler- und Lernkultur" teil. Darin werden u.a. vereinbart, wie man im Falle einer Panne oder eines Missstandes miteinander kommuniziert und wie respektvoll (kritisches) Feedback gegeben wird. Es wird vereinbart, dass quer über alle Hierarchieebenen hinweg ehrliche Rückmeldung erwünscht ist.

Das Team inkl. aller Führungskräfte veranstalten einmal im Monat eine Retrospektive. Darin geht es nicht um Sachthemen, sondern um einen ehrlichen Austausch bezüglich Teamkultur, Arbeitsatmosphäre, Vertrauen, Konflikte usw. Erkannten Handlungsfeldern werden „Paten" zugeordnet, die sich um eine Verbesserung der Thematik kümmern.

Die Institutsleitung und ihre Führungskräfte führen regelmäßig Entwicklungs- und Optimierungsgespräche mit ihren disziplinarisch Unterstellten durch, in denen die neue Instituts Software eines der Themen ist. Keinem Beschäftigten wird es erlassen, sich in der neuen Software zu schulen und sie anzuwenden – keine Ausnahmen!

Die Leitungsebene des Instituts kommuniziert transparent die Erwartung, dass Probleme und Verbesserungsvorschläge bezüglich der neuen Software ehrlich und zügig zu melden sind. Überbringer schlechter Nachrichten werden nicht sanktioniert, wohl aber Verweigerer und Blockierer.

Einmal monatlich finden Instituts-Meetings statt, in denen erfolgreiche Anwendungsbeispiele, aber auch Pannen und „lessons learned" mit der neuen Software vorgestellt und diskutiert werden. Best und Bad Practice werden im Instituts-Intranet dokumentiert, es entsteht eine FAQ-Liste sowie eine Sammlung von selbst erstellten Tutorial-Videos. Das Nutzen dieser Wissensmanagement-Angebote wird als Holschuld deklariert.

Es existiert ein ausreichendes Budget für Anwenderschulungen; die Teilnahme ist verpflichtend; alle am Institut sind aufgefordert, einander zu unterstützen.

Das „Go Live" der neuen Instituts-Software wird – unter Beteiligung aller Beschäftigten – genutzt, um den Wildwuchs in den Datei- und Mailarchiven zu beheben. Nicht mehr passende Workflows oder Prozesse werden reformiert. So wird die Software zum Katalysator einer organisatorischen Frischzellenkur des Instituts.

Der Institutsleiter und andere Führungskräfte gehen stets mit bestem Beispiel voran und verzichten auf „Extrawürste".

PLATZ FÜR NOTIZEN

PLATZ FÜR NOTIZEN

5. SELBSTFÜHRUNG: VERÄNDERUNG BRAUCHT STABILITÄT

Ebenso wichtig wie die Veränderungskompetenz ist die Stabilitätskompetenz. Der aus der Physiologie und Medizin stammende Begriff der Homöstase kann und muss auch auf Change-Situationen übertragen werden: Jedes System strebt immer wieder nach einem Gleichgewichtszustand. Für ein Unternehmen, ein Team, eine Kundenbeziehung, eine technologische Entwicklung oder einen Absatzmarkt bedeutet das, dass sich nach einer Change-Phase eine neue Balance einpendelt. Mit „guten alten Zeiten" oder „auf Lorbeeren ausruhen" hat das allerdings herzlich wenig zu tun. Die neue Balance integriert alle während der Veränderungsphase gewonnenen Erkenntnisse, Verbesserungen und Anpassungen. Sie ist in der VUCA-Welt „nur" eine (womöglich sehr kurze) Zeit des Konsolidierens und Atemholens, bevor die nächste selbst gewählte oder fremdbestimmte Veränderung gemeistert werden muss.

Stabilitätskompetenz ist damit das Reservoir, aus dem der Mensch in laufenden oder kommenden Veränderungsphasen Ressourcen schöpfen kann. Dieser Ansatz folgt dem Nachhaltigkeits-Gedanken: Entnimm einem System nie mehr, als in gleicher Zeit nachwachsen kann. Drei Aspekte gehören zur Stabilitätskompetenz des VUCA-geeigneten Menschen (wer diese nicht oder nur unterdurchschnittlich hat, erhöht sein Gesundheits-, Stress- und Burnout-Risiko):

- ein stabiles Selbst
- stabile Zonen
- stabile Zeiten

Stabiles Selbst

Als Ideengeber, wie Menschen psychosoziale Stabilität erlangen und mit Stress (u.a. im Zuge von Veränderungssituationen) umgehen können, taugt das Resilienz-Konzept. Resilienz ist die im Menschen selbst liegende Kraft, die sich aus emotionaler Widerstandsfähigkeit und klugen Bewältigungsstrategien (coping) zusammensetzt. Der Stress-Reha-Mediziner Jürgen Wentzek betont, dass Stress im Leben nicht zu vermeiden, Resilienz dagegen trainierbar sei: „Die Frage kann nicht sein: Wie vermeide ich jede Art von Stress? Im Sinne einer aktiven und bewegten und positiv ausgerichteten Lebensgestaltung sollte vielmehr die Frage erlaubt sein: ‚Wie kann ich Stress in meine Lebensgestaltung einbauen, wie erlange ich Stressbewältigungskompetenz?'" (Die Continentale, o.J., S. 4f.)

Praxisübung zu stabilem Selbst

Machen Sie eine ehrliche Selbst-Evaluation, wie schwach oder stark ausgeprägt typische Resilienz-Eigenschaften bei Ihnen sind. Je nach Ergebnis können Sie überlegen, welche Lern- und Entwicklungsfelder Sie für sich definieren wollen.

Trifft auf mich zu 1= gar nicht, 10 = vollständig		1	2	3	4	5	6	7	8	9	10
Selbsterkenntnis	Ich habe einen realistischen Überblick über meine Stärken und Entwicklungsfelder (Baustellen).										
Persönlichkeitsentwicklung, Lernwille	Ich setze mich mit Prägungen aus Elternhaus und Biografie kritisch-konstruktiv auseinander, kenne meine „Macken" (z.B. Perfektionismus) und arbeite daran. Ich lerne gerne in jeder Hinsicht dazu.										
Selbstwirksamkeit, Disziplin	Ich kenne meine Ziele und arbeite diszipliniert darauf hin. Ich glaube an meine Gestaltungsmacht. Ich bin meist stärker als mein innerer Schweinehund.										
Selbstwert, Selbstbewusstsein	Ich finde mich liebenswert und wertvoll. Ich lobe mich. Ich bin mir selbst der beste Freund.										

Gelassenheit, Humor, Fehlertoleranz	Ich nehme andere, mich und meine „Dramen" nicht so wichtig. Ich identifiziere mich nicht zu sehr mit Beruf oder Idealen. Ich lerne aus Fehlern und korrigiere sie.									
Achtsamkeit, Selbstfürsorge	Ich bin in gutem Kontakt mit mir und achte meine Bedürfnisse. Ich pflege einen gesunden Egoismus. Ich sorge gut für meine Gesundheit.									
Regeneration, Abgrenzungsfähigkeit	Ich lade regelmäßig Akkus auf und kann mich entspannen. Ich sorge für eine gute Lifetime Balance, kann Nein sagen und mich abgrenzen.									
Veränderungsfähigkeit, Verantwortung	Ich verdränge nicht, wenn mich Menschen oder Situationen belasten, sondern arbeite an einer Verbesserung der Lage. Ich übernehme zu 100 Prozent Verantwortung für mein Leben.									
Optimismus, positiver Fokus, Lösungsorientierung	Ich denke diszipliniert positiv, sehe das Gute, meide Jammern und Opferhaltung. Ich bin lösungsorientiert und weniger auf Probleme fixiert.									
Soziale Netze	Ich pflege gute, nährende Beziehungen in Privatleben und Beruf. Ich umgebe mich mit Menschen, die mir guttun, mir als Vorbild dienen. Ich bin hilfsbereit und kann Hilfe annehmen.									
Soziale Intelligenz	Ich kann in der Kommunikation mit anderen meinen Standpunkt souverän klar machen und Feedback geben/nehmen.									
Dankbarkeit, Lebensfreude	Ich bin dankbar für das Gute in meinem Leben. Ich freue mich an Kleinigkeiten. Ich habe Quellen der Lebensfreude.									
Vertrauen, Spiritualität	Ich vertraue auf den guten Verlauf meines Lebens. Ich fühle mich an eine größere Macht angebunden.									

PLATZ FÜR NOTIZEN

Stabile Zonen

Von der österreichischen systemischen Beraterin Roswita Königswieser (Königswieser o.J.) stammt das Modell der stabilen Zonen. Ganz generell, erst recht aber inmitten von Veränderungen und Krisen, brauchen Menschen zum Erhalt ihrer psychosozialen Gesundheit Bereiche, die Kraft und Sicherheit geben. Das können sein: Ideen (z.b. Spiritualität, Kunst), Macht (z.b. Selbstwirksamkeitserfahrungen in einem Lebensbereich, Wissensaneignung), Menschen (vertrauensvolle und stützende Bezugspersonen), Orte (z. B. Garten, Urlaubsort, eigene Wohnung), Dinge (z. B. Lieblings-Shirt, Erbstück, Erinnerungsfoto) oder Organisationen (z. B. Verein, Kirchengemeinden, Sportclub). Die Empfehlung lautet, sich ausreichend stabile Zonen aufzubauen und zu erhalten. Auch sollte man bei selbst gewählten Veränderungen darauf achten, nicht zu viele Zonen auf einmal zu verändern – frei nach der Coaching-Weisheit: Wenn ein Hund ein Bein verliert, kann er noch stehen und laufen. Wenn er ein zweites Bein verliert und es „glücklicherweise" das diagonal gelegene ist, kann er auch noch stehen und mühsam laufen. Doch wenn er auch noch ein drittes Bein verliert, fällt er um.

Praxisübung zu stabilen Zonen

Erstellen Sie ein Netzdiagramm mit sechs Ecken und einer beliebigen Skala. Tragen Sie den aktuellen Ausprägungsgrad Ihrer stabilen Zonen ein – von 0 (gar nicht vorhanden) bis Maximum (vollumfänglich vorhanden).

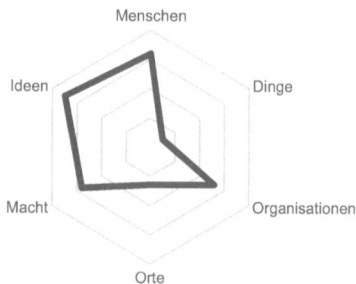

Abb. 5: Analyse stabiler Zonen (eigene Darstellung)

Beschäftigen sich dann mit den Selbstreflektions-Fragen:

- Welche stabilen Zonen habe ich?
- Welchen Nutzen entfalten sie, welche Ressourcen ziehe ich daraus?
- Was tue ich, um diese stabilen Zonen zu erhalten und zu pflegen?
- Wie kann ich stabile Zonen ausbauen und stärken?
- Wie unterstützen mich meine stabilen Zonen in Veränderungsphasen?
- Bin ich für andere Menschen Teil einer stabilen Zone?

PLATZ FÜR NOTIZEN

Stabile Zeiten

Aus der Stressforschung kommt die Erkenntnis, dass der Mensch Zeiten erhöhter psychosozialer Anforderungen meistern kann – aber nicht auf Dauer.
Als einer der ersten hat diese Erkenntnis der österreichische Mediziner Hans
Selye (er gilt als „Vater der Stressforschung") in seinem Modell vom Allgemei-
nen Anpassungssyndrom formuliert. Demnach kann der Mensch über einen
gewissen Zeitraum mit (Veränderungs-)Stress umgehen und sogar seine Be-
wältigungs- und Widerstandsressourcen erhöhen, jedoch erfolgt bei dauerhaft
anhaltender Belastung irgendwann der Umschwung: Störungen im System,
Krankheit, schlimmstenfalls Tod.

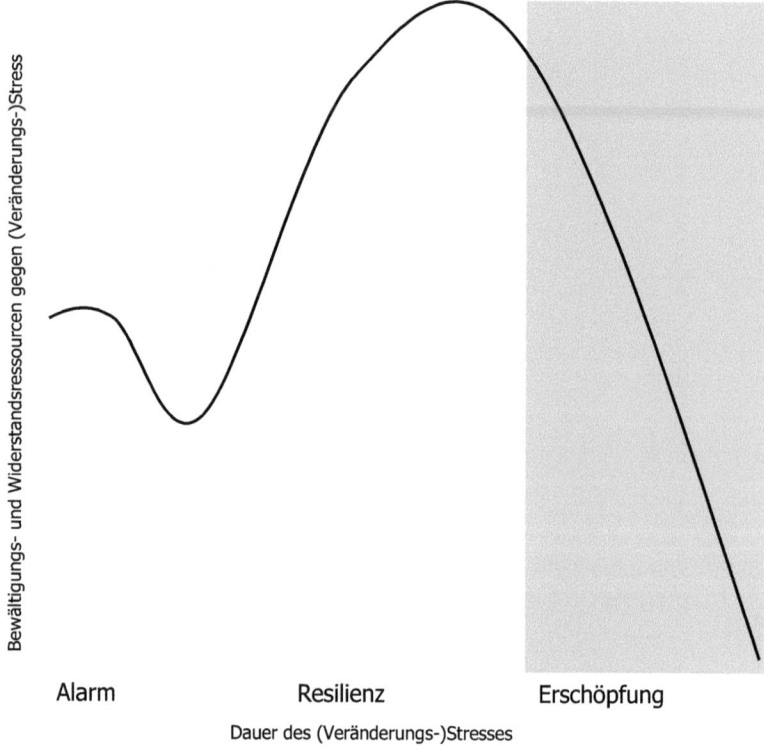

Alarm   Resilienz   Erschöpfung

Dauer des (Veränderungs-)Stresses

Abb. 6: Allgemeines Anpassungssyndrom nach Selye bezogen auf (Veränderungs-)Stress (eigene Darstellung)

Nach moderner Diagnostik würde man in der Erschöpfungsphase von einem Burnout sprechen: Dieser ist seit Januar 2022 erstmals im Internationalen Diagnosemanual der WHO (ICD-11) als Krankheit anerkannt. Noch gilt in Deutschland die Vorgängerversion ICD-10, ICD-11 wird erst in einigen Jahren verbindlich übersetzt und im Einsatz sein.

Praxisübung zu stabilen Zeiten

Wenn Sie in einer besonders belastenden Phase stecken und mittelfristig gesundheitliche Risiken befürchten, dann durchlaufen Sie diesen Entscheidungs-Pfad – und halten sich an sein Ergebnis:

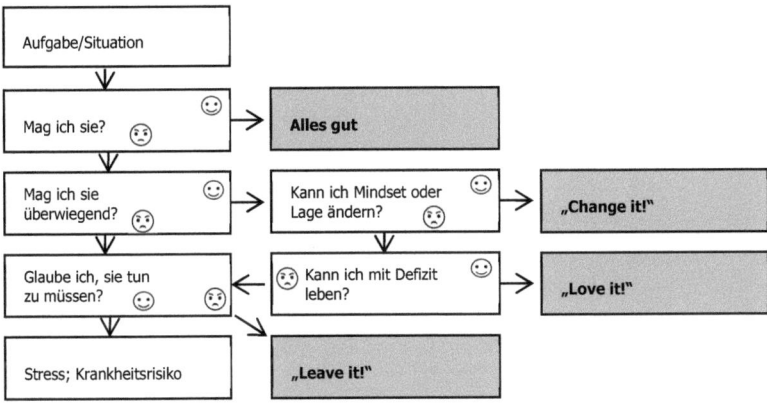

Abb. 7: Methode „Love it, change it, or leave it" zum Abbau von Stress und Gesundheitsrisiken (eigene Darstellung)

PLATZ FÜR NOTIZEN

6. MITARBEITERFÜHRUNG: DAUERHAFTES CHANGE MANAGEMENT

Führungskräfte tragen in Sachen Veränderungskompetenz eine vielfach höhere Verantwortung als einfache Beschäftigte: Sie

- haben es als Individuen mit all den bisher behandelten persönlichen Herausforderungen in Change-Situationen zu tun. Ihre individuelle Veränderungskompetenz wirkt auf Faktoren wie Gesundheit, Stress, Leistungsfähigkeit, Motivation, Sinnempfinden u.v.m.
- erzielen mit dem Niveau ihrer Veränderungskompetenz eine Wirkung. Das geschieht (hoffentlich) willentlich oder (oft auch) unbewusst – frei nach dem 1. Axiom von Paul Watzlawick „Man kann nicht kommunizieren." Im Führungsalltag heißt das: Mitarbeitende bemerken, wie die Chefin emotional zu einem Change-Projekt steht. Das Team hat Antennen dafür, ob der Chef (un)authentisch kommuniziert. Beschäftigte lassen sich von der Energie der Vorgesetzten viel stärker demotivieren, als jede Sachbotschaft in einem Veränderungsprojekt sie je motivieren könnte. Und Veränderungs-Stress der Leistungsebene überträgt sich soft auf die Basis.
- sind dafür verantwortlich, Beschäftigte in Veränderungssituationen mitzunehmen. In keinem anderen Kontext wird die Rollenbeschreibung vom „Chef als Coach" so wichtig wie in Phasen der Veränderung (Strauss 2017). Die Führungsfähigkeiten der Vorgesetzten korrelieren hier direkt mit Leistung, Resilienz, Motivation und Veränderungsbereitschaft der Beschäftigten – und werden somit zu einer betriebswirtschaftlich relevanten Größe.

Führung ist inzwischen pausenloses Change-Management

Man muss nicht allzu weit in die Vergangenheit zurückgehen, um in Fachbüchern und Ratgebern über Unternehmens- und Mitarbeiterführung den Ratschlag zu finden: Auf Phasen, in denen viel los ist und Herausforderungen zu meistern sind, müssen ruhigere Zeiten folgen. Neues und Bewährtes, Aufbruch und Konsolidierung, Stress und „ruhigere Kugel" – das möge sich bitte regelmäßig abwechseln. Die allermeisten Führungskräfte und Beschäftigten – ob im internationalen Großkonzern, im investorengetriebenen Startup oder im familiengeführten Mittelstand – wissen: Das ist schon lange nicht mehr so.

Veränderungen sind der Normalzustand geworden. Change ist selbstgewählt oder aufgezwungen, attraktiv oder bedrohlich, sinnvoll oder unverständlich, mit Eigenmitteln zu stemmen oder nicht – in jedem Fall ist er allgegenwärtig. Nun ist es aber leider nicht so, dass Unternehmen alle Kraft auf die Gestaltung der (hoffentlich erfolgreichen) Zukunft lenken könnten. Vielmehr ist Ambidextrie gefordert: Man muss das Bestehende im Griff behalten (Kunden, Entscheidungen, Budgets und Troubleshooting von heute) und gleichzeitig die Weichen für Neues stellen (Märkte, Technologien, Kapital, Fachkräfte von morgen).

Für Führungskräfte und ihre Teams ist das oft eine Zerreißprobe, denn zusätzliche Mittel und Köpfe für den Change gibt es – wenn überhaupt – nie in dem Maße, wie es nötig wäre. Arbeitsverdichtung und Effizienzdruck sind die Folge. Ambidextrie heißt nämlich auch: das Tagesgeschäft tun und die Vorbereitung der Zukunft nicht lassen. Kein Wunder, dass der zum Normalzustand gewordene Dauer-Change auf zwei Listen von Arbeits- und Organisationspsychologen bzw. Expertinnen für Betriebliche Gesundheit immer ganz oben steht: auf der Liste der (gesundheitsschädlichen) Stress-Faktoren und auf der Liste der Frust-Quellen (die wiederum zu Motivations-Rückgang, erhöhten Fehlerquoten, Fluktuation, Krankenständen, Frühverrentung u.v.m. führen können). Hinter all diesen Phänomenen steht nicht nur menschliches Schicksal, sondern auch betriebswirtschaftliches Schadenspotenzial: Am Ende einer über ein Jahrzehnt laufenden Langzeitstudie sagen aktuell nur noch vier Prozent der befragten Führungskräfte und Beschäftigten, ihr Arbeitgeber sei „change fit". Die Hälfte der Teilnehmenden ist der Meinung, dass schlechtes Management, eine unpassende Firmenkultur und veraltete Strukturen im Wege stünden (Mutaree 2020/21).

Führungskräfte sind heute also typischerweise immer auch Change Manager, die sowohl sich selbst als auch ihre Teams „zu neuen Ufern" führen müssen. Die gute Nachricht: Keine Vorgesetzte muss dafür das Handwerk des Führens neu lernen. Die herausfordernde Nachricht: Im „Change als dem neuen

Normal" rächt es sich doppelt und dreifach, wenn man sein Handwerk des Führens nicht beherrscht. Führen im Change ist also in erster Linie: gute Führung!

Praxisübung

Als Führungskraft sollten Sie sich (allein, in kollegialer Fallberatung oder im professionellen Coaching) regelmäßig fragen, mit welchen Veränderungen Sie es zu tun haben, wie es Ihnen dabei persönlich ergeht und wie Sie Ihr Führungsverhalten bewerten:

Selbst-Assessment: Führen in Veränderungssituationen

Wenn Sie einmal an Veränderungen denken, die Sie und Ihr Team in letzter Zeit meistern mussten ...

... welche Veränderungen waren das? Welcher Anteil war selbst gewählt bzw. war fremdbestimmt?

Wie ist es Ihnen *persönlich* mit diesen Veränderungen ergangen? Wie haben Sie sich gefühlt?

machtvoll	machtlos
motiviert	frustriert
mitreißend	blass
gestaltend	fremdbestimmt
vorbildhaft	inkonsequent

Wie sind Sie als *Führungskraft* mit diesen Veränderungen umgegangen? Um Ihr Team zu überzeugen, zu motivieren und über Widerstände hinwegzuführen: Was in Ihrem Verhalten war dafür hilfreich und was war hinderlich?

Abb. 8: Selbst-Assessment „Führen in Veränderungssituationen" (eigene Darstellung)

7. DIE STELLSCHRAUBEN DER CHANGE-FÜHRUNGS-KRAFT: MINDSET – HANDELN – KLIMA

Individual, Arbeits- und Organisationspsychologie definieren drei Bereiche, in denen sich entscheidet, ob und wie veränderungsaffin, -willig und -fähig ein Individuum ist.

1. Grundlage ist die innere Einstellung, also die bei jedem Menschen unterschiedliche Summe aus Persönlichkeitseigenschaften, Haltungen, Meinungen, Vorerfahrungen, Weltanschauung usw. Der internationale Fachbegriff ist **Mindset**.

2. Ebenso stark wie das Mindset wirkt ein zweiter Bereich darauf ein, wie der Mensch sich in Veränderungssituationen konkret verhält: das **Klima**. Hierunter wird in Unternehmen z. B. die Führungskultur, das Betriebsklima, der Grad an Transparenz und Vertrauenswürdigkeit in der Kommunikation, der Umgang mit Fehlern, Teamwork, Fairness, Sinnhaftigkeit der Arbeit u.v.m. verstanden.

3. Mindset und Klima sind wiederum wichtige Einflussfaktoren für den Bereich des **Handelns** – also das, was der Mensch am Ende in bestimmen Situationen konkret tut oder lässt. Mit seinem Handeln trägt der Mensch dazu bei, ob er sich in den Dienst der Veränderung oder geben sie stellt, ob sein Stressniveau steigt oder beherrschbar bleibt, ob er Veränderung aktiv gestaltet oder passiv erleidet.

Auf alle drei Bereiche kann und muss die Führungskraft bewusst und gezielt einwirken, um eine wirkungsvolle Veränderungs-Managerin zu sein. Die folgenden Ausführungen erheben keinen Anspruch auf eine vollständige Methodenübersicht, sondern stellen eine Besten-Auswahl dessen dar, was sich bei den von der Autorin moderierten Coachings und Change-Projekten als praktikabel und hilfreich erwiesen hat.

Praxisübung

Als Führungskräfte sollten Sie sich (allein, in kollegialer Fallberatung oder im professionellen Coaching) regelmäßig mit Ihren Möglichkeiten in den drei Bereichen der Veränderung beschäftigen:

Wie führt man veränderungs-förderlich (agil)?

	"Schweinchen fit"	
Mindset	**Handeln**	**Klima**

- Mit welcher Einstellung und persönlichen Energie bin ich selbst Vorbild und Katalysator des Wandels?
- Mit welchen Methoden kann ich Beschäftigte unterstützen, agil zu denken?

- Wie mache ich mein eigenes Verhalten flexibel, agil - und diene damit der Veränderung?
- Mit welchem Führungshandeln und welcher Art der Kommunikation fördere ich bei Beschäftigten die Motivation zur Veränderung?

- Welches Klima muss ich als Führungskraft in meinem Team und im ganzen Unternehmen kultivieren, um der Veränderung einen fruchtbaren Boden zu bereiten?

Abb. 8: Leitfragen, um auf wichtige Bereiche des Veränderungserfolgs einzuwirken (eigene Darstellung)

PLATZ FÜR NOTIZEN

Wie Führungskräfte ein Change-Mindset bei sich und anderen fördern

Das Mindset beeinflusst, wie der Mensch sich selbst und andere sieht bzw. mit Erwartungen und Bewertungen belegt, wie Situationen und Herausforderungen bewertet und gestaltet werden (z.b. durch Ziele und Prioritäten) und welchen Stil Kommunikation und Verhalten zeigen. In der moderneren Mindset-Forschung ist im Zusammenhang mit Veränderungskompetenz vor allem das bereits erläuterte Konzept der US-Psychologin Carol Dweck interessant. Sie unterscheidet zwischen Fixed Mindset (fixe, mit limitiertem Selbstvertrauen verbundene Denkweise) und Growth Mindset (Wachstums-Denkweise, die auf eigene Anpassungs- und Lernfähigkeit baut). Veränderungskompetenz wächst dann, wenn der Mensch sich entscheidet, der richtigen Stimme in seinem Inneren zuzuhören! Diese Mentaltraining genannte Methodenfamilie kann die Führungsraft

- bei sich selbst anwenden, um Vorbild für das Team zu sein
- ihren Beschäftigten anbieten und so als coachende Führungskraft immer mehr Personen im Team zu einem Growth Mindset verhelfen

Vorbild sein: Als Führungskraft am eigenen Mindset arbeiten

Mentaltraining ist der Sammelbegriff für Methoden, die auf die Veränderung der eigenen Denkweise ausgerichtet sind. Mit Mentaltraining zielt das Individuum darauf ab, sich in einer bestimmten Veränderungssituation auf andere Denkinhalte bzw. Einstellungen/Haltungen auszurichten und somit langfristig sein übergeordnetes Mindset zu verändern. Ermöglicht wird Mentaltraining durch die Fähigkeit des menschlichen Gehirns zur Neuroplastizität: Wir sind nicht Opfer unserer im bisherigen Lebensverlauf gebildeten synaptischen Verschaltungen und neurobiologischen Routinen. Diese sind veränderbar, wenn man mit ausreichend Disziplin lernt, Regie über die eigenen Gedanken zu führen. Andere Begriffe hierfür sind: Gedankendisziplin, Gedankenhygiene, positives Denken, kognitives Training.

Die Vielfalt in der Methodenfamilie namens Mentaltraining ist groß (Strauss 2016), und es gibt zahlreiche umsetzungsorientierte Publikationen, um dieses zu trainieren (Roth 2016, Heimsoeth 2017). Daher folgt hier nur eine Übersicht der gängigsten Methodenbezeichnungen:

- Gedankenstop-Techniken (Ausstieg aus dem Gedankenkarussell)
- Affirmationen (Motto-, Leit-, Motivationssätze)
- Re-Framing (Dingen und Situationen eine neue Interpretation geben)
- Innere Zeugenschaft (beobachtende Distanzierung vom bisherigen Mindset und inneren Saboteuren)
- Ziele be- und aufschreiben (Motivationssteigerung, Fokussierung)
- Visualisierung (Kopfkino)
- Vereinbarungen mit sich selbst
- Eigenlob (Lob- und Dank-Tagebuch)
- Modelllernen (Lernen an Vorbildern)
- Kopf-Google (Aufmerksamkeit über sich selbst gestellte Fragen steuern)

Praxisübung

Führungskräfte in Veränderungssituationen werden von ihren Stakeholdern (Vorgesetzte, Mitarbeitende, Kunden usw.) typischerweise sehr gefordert und auch häufig kritisiert. Lob gibt es seltener. Daher dient es Ihrer Motivation und Ihrem Selbstwertgefühlt, wenn Sie am Ende des Arbeitstages ein „Tagebuch des Lobes und Dankes" führen. Da niemand sonst diese Notizen sieht, muss auch kein peinliches Unbehagen aufkommen. Ganz im Gegenteil: Lob- und Danktagebücher werden sogar in der Depressions-Therapie eingesetzt, weil sie erwiesenen positiven Einfluss auf die Psyche des Menschen haben – und damit auf Leistungsfähigkeit und Charisma. Ein solches „Journal der guten Gefühle" könnte so aussehen:

Meine Bilanz am Ende des heutigen Arbeitstages:

Das ist mir heute gut gelungen - trotz vielleicht widriger Umstände:

_____

_____

Darauf bin ich richtig stolz:

_____

_____

Dafür bin ich heute dankbar:

_____

_____

Das sind Gründe, mich morgen wieder motivert einzusetzen:

_____

_____

Abb. 9: Tagebuch des Lobes und Dankes im Rahmen des Mentaltrainings einer Führungskraft (eigene Darstellung)

Coach sein: Mitarbeitende in Richtung Growth Mindset entwickeln

Schon mit ihrer vorbildhaften Arbeit am eigenen Mindset können Führungskräfte positiv auf die Veränderungsaffinität, -bereitschaft und -fähigkeit der Beschäftigten einwirken. Noch stärkere Wirkung entfaltet es, wenn Vorgesetzte geeignete Interventionen beherrschen, um Mitarbeitenden ein Coachingangebot zu machen. Zwei wirkmächtige Methoden der „coachenden Chefin" hier kurz skizziert:

Mindset-Change 1: Beschäftigte bei den eigenen Zielen unterstützen

Veränderung hat immer etwas damit zu tun, dass Dinge anders oder neu getan werden sollen. Um dies – gegen die Beharrungskräfte des Gehirns namens „Gewohnheitstier" und „Schweinehund" zu schaffen – können Ziele helfen. Die Führungskraft kann Beschäftigten dabei helfen, diese zu finden, zu formulieren und zu verfolgen. Zwei Arten, Ziele zu formulieren, wurden in Kapitel 4 erläutert. Faustformel: Ist der Mitarbeiter von dem Ziel (Expansion, Neukundengewinnung) begeistert oder zumindest angetan und gibt es schon Ideen, wie es anzupacken wäre, dann ist ein Handlungs- und Aktivitätsziel ausreichend. Wenn er mit der Veränderung und den dafür notwendigen Etappenzielen jedoch hadert (z.B. Versagensängste), dann sollten Vorgesetzte zunächst auf ein Motto-Ziel hin coachen. Grund: Motto-Ziele haben das Pozenzial, (oft unbewussten) Gefühle zu dem Ziel mit dem Verstand/Willen zu versöhnen. Geschieht dies nicht, werden die Gefühle langfristig immer über Verstand und Disziplin siegen – und der Mitarbeiter erreicht das Ziel und die Veränderung nicht auf nachhaltige Weise, sondern produziert bestenfalls Veränderungs-Strohfeuer.

Fun Fact

Wenn Beschäftigte in Veränderungsphasen Ziele zu haben und sich dafür einsetzen, gibt es ihnen ein Gefühl der Mitwirkung. Und dieses Gefühl der Mitwirkung führt dazu, dass man die Sache, an der man arbeitet, als wichtiger und wertvoller einschätzt. An der Wirtschaftsuniversität Wien wurden Studierende in drei Gruppen eingeteilt. Jede sollte T-Shirts mit dem Uni-Logo preislich kalkulieren, um sie anschließend zu verkaufen. Die erste Gruppe durfte die Ware lediglich anschauen. Die zweite Gruppe konnte das Logo am PC selbst bearbeiten und auf dem Shirt platzieren. Die dritte Gruppe konnte auch am PC experimentieren, musste dann aber ein vorgegebenes Modell kalkulieren. Ergebnis: Gruppe 2 gab dem Shirt mit Abstand den höchsten Preis

(https://www.handelsblatt.com/karriere/the_shift/changemanagement-drei-experimente-drei-erkenntnisse-so-kann-der-wandel-in-unternehmen-gelingen/23000022.html)

Mindset-Change 2: Beschäftigte beim Re-Framing bzw. positiven Denken unterstützen

Insbesondere bei Zielen und Veränderungen, die eines oder mehrere der folgenden Kriterien erfüllen, durchlaufen Menschen typischerweise emotionale Stadien: Ziel/Veränderung

- ist nicht selbst gewählt
- wird „von oben" oktroyiert
- ist mit krisenhaften Zügen behaftet
- muss unter Zeitdruck erfolgen bzw. steht in Konkurrenz zu anderen Projekten
- hat unattraktive Konsequenzen bzw. zieht lästige Notwendigkeiten nach sich

Der typische emotionale Entwicklungsweg wird im Konzept des House of Change. Eine Grafik dazu steht in Kapitel 4. Neuralgische Stellen in diesem Gang durchs Haus der Veränderung sind die Phasen der Ablehnung und Verwirrung. Beide können Mitarbeitende in sackgassenartige Kellerräume katapultieren: Trotz-Haltung und Selbst-Blockade. Beide emotionale Zustände sind gekennzeichnet durch ein toxisches, destruktives, defizitäres (fixed) Mindset. Der innere Dialog ist geprägt von etwas, das der Laie „Killerphrasen" oder „Totschlagsargumente" nennt. Die Methode des Re-Framing kann helfen, sich selbst aus dieser Falle zu befreien. Führungskräfte können Beschäftigte dabei unterstützen - mit einem Doppelpack aus Feedback und Angebot einer Neu-Interpretation:

1. Schritt: Geschulte Führungskraft erkennt, warum Mitarbeiter in Opposition, Blockade bzw. Sackgasse ist	2. Schritt: Führungskraft gibt Mitarbeiter Feedback mit Ich-Botschaft	3. Schritt: Führungskraft macht Mitarbeiter Angebot für Veränderung der inneren Haltung bzw. äußeren Verhaltens (Re-Framing)
Mitarbeiter leidet an Perfektionismus.	Ich habe den Eindruck, Sie wollen es stets perfekt, vielleicht zu perfekt machen.	Ich kann Ihnen aus eigener Erfahrung sagen: Fehler gehören dazu. Und wenn Sie aus ihnen lernen, dann kann das Ihrem Projekt sogar dienlich sein.
Mitarbeiter hat überzogene Leistungsansprüche und neigt zu Einzelkämpfertum.	Aus Ihrem Team habe ich Rückmeldung, dass Sie sich sehr viel allein aufladen.	Ich möchte Sie ermutigen, stärker mit anderen zusammenzuarbeiten. Jeder kann vom anderen lernen, und das Ergebnis ist dann meist besser.
Mitarbeiter neigt dazu, schludrig und undiszipliniert zu sein – bleibt nicht dran.	Ich kann mich des Eindrucks nicht erwehren, dass Sie nicht immer mit voller Disziplin bei der Sache sind. Sie haben z.B. die Aufgabe X nach zwei Tagen schon wieder abgebrochen.	Ich erinnere Sie an Ihre Mitverantwortung für den Erfolg unseres Projektes. Es kommt auch auf Sie an. Ich weiß, dass Sie sich noch mehr einbringen können. Lassen Sie uns besprechen, wie das besser gelingen kann …
Mitarbeiter hat einen überzogenen innerer Kritiker.	Ich beobachte Sie selten, wie Sie sich selbst loben. Sie sind sehr hart mit sich.	Ich glaube es tut Ihnen gut, wenn Sie sich mehr auf Ihre Stärken konzentrieren. Was ist Ihnen denn seit unserem letzten Gespräch gut gelungen?

Abb. 10: Beispiele für einen coachenden Führungs- und Gesprächsstil (eigene Darstellung)

PLATZ FÜR NOTIZEN

Wie Führungskräfte ein förderliches Change-Klima schaffen

Neben dem Mindset ist das Umfeld-Klima der zweite Bereich, in dem sich Führung positiv auf den Veränderungserfolg auswirkt. Was ein veränderungsförderliches Umfeld ausmacht, zeigt die Kombination aus zwei Konzepten:

- Das Salutogenese-Konzept plädiert für Rahmenbedingungen, die ein Kohärenz-Gefühl entstehen lassen (Tameling 2018). So können Beschäftigte langfristig motiviert und mental gesund eine hohe Leistung erbringen.
- Die Forschungsrichtung Neuro Leadership rät zu einer Führung, die Beschäftigten ein hirngerechtes Umfeld bietet, in dem die Stresshormone niedrig und die Glückshormone hoch sind (Strauss 2016a).

Die folgende Übersicht zeigt die starken Überschneidungen beider Konzepte und ihren Nutzen für die praktische Führungsarbeit.

		Empfehlungen des Salutogenese-Konzepts: MA brauchen ...		
		Verstehbarkeit	Sinnhaftigkeit	Handhabbarkeit
Empfehlungen des Neuro Leadership: MA brauchen ...	Bindung	MA wird regelmäßig persönlich von FK informiert	MA erkennt gemeinsame Vision hinter dem Change	MA spürt, dass alle an einem Strang ziehen und solidarisch sind
	Orientierung	MA erhalten transparente Updates zum Fortgang der Veränderung	MA erkennt, warum welche Maßnahmen getroffen werden und wie diese das Unternehmen weiterbringen	FK sorgen dafür, dass MA die notwendigen Mittel zur Erfüllung der Aufgaben haben
	Selbstwert	MA erkannt, dass FK sich Zeit nimmt und MA-Fragen zum Change erwünscht sind	FK vermittelt MA Stolz, Teil des Veränderungsprozesses zu sein; MA erkennt den Nutzen seines Einsatzes	MA fährt persönliche Erfolgserlebnisse ein und kann diese sichtbar machen
	Wachstum	FK delegiert umfänglich Aufgaben, bietet MA Empowerment	MA sieht und realisiert persönliche Mitwirkungsmöglichkeiten; MA sieht Vorteile des Change für sich selbst	FK führt MA aus der Komfort- in die Lernzone und traut ihnen etwas zu
	Lustempfinden/ Frustvermeidung	MA wird für persönliche Leistung gelobt und incentiviert	FK sorgen dafür, dass Erfolge, Meilensteine usw. gefeiert werden	FK sorgt für angstfreie Fehlerkultur

Abb. 11: Führungshandeln im Change nach Salutogenese- und Neuro-Leadership-Konzept (eigene Darstellung); MA = Mitarbeitende, FK = Führungskraft

Drei der Stellschrauben werden nun vertieft:

- sinnstiftende Vision
- humanes und respektvolles Betriebsklima
- lernförderliche und angstfreie Fehlerkultur

Change-Klima 1: sinnstiftende Vision

Das in jüngster Zeit vom US-Unternehmensberater Simon Sinek wieder populär gemachte Konzept des Goldenen Zirkels wurde bereits in Kapitel 4 beschrieben und in einer Grafik dargestellt. Sinek (2014) rät: Beginne mit dem Warum, wenn du dich oder andere Menschen für etwas – beispielsweise eine Veränderung – begeistern willst. Aktuelle Forschung belegt dies: So ist zum Beispiel in Teams von Vorgesetzten, die ein inspirierendes Bild der Zukunft des Unternehmens zeichnen können, die mentale Gesundheit der Beschäftigten stärker und der Stresspegel niedriger (Bruch/Kowalevski 2013).

Fun Fact

In einem Krankenhaus beobachteten Forschende, wie selten sich das Personal die Hände desinfizierte. Man änderte daraufhin in einem Teil der Klinik die Hinweise: Wo vorher stand „Ihre Hände zu reinigen hilft Ihnen, gesund zu bleiben" stand nun „Ihre Hände zu reinigen hilft Ihren Patienten, gesund zu werden". Die Wirkung: Wo die neuen Schilder angebracht waren, desinfizierte sich das Personal zehn Prozent häufiger die Hände. Und das auch noch gründlicher.

https://www.handelsblatt.com/karriere/the_shift/changemanagement-drei-experimente-drei-erkenntnisse-so-kann-der-wandel-in-unternehmen-gelingen/23000022.html

---

Praxisübung

Als Führungskraft in Veränderungssituationen sollten Sie sich darin trainieren, nicht nur die nackten Zahlen-Daten-Fakten einer Veränderung oder die typische Management-Frage „Wer macht was bis wann?" anzuwenden. Es gilt, die notwendigen Aktivitäten in einem Veränderungsprojekt mit Sinn aufzuladen – quasi aus dem „Steineklopfen" einen „Dombau" zu machen.

Wir bauen einen Dom!

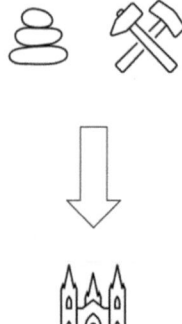

Übung, durchführbar alleine, mit Führungskollegen oder einem Coach

- Bitte gehen Sie zu zweit zusammen.
- Die erste Person spielt die Führungskraft und erhält 10 Minuten.
- Sie erklärt der anderen Person (dem „Mitarbeiter") ein aktuelles Veränderungsprojekt bzw. eine Aufgabe für das Team – und zwar besonders, WARUM das wichtig ist und Sinn macht. Wie können Sie die Augen Ihres Gegenübers zum Leuchten bringen?
- Der „Mitarbeiter"-Spieler darf kritisch nachfragen und anschließend Feedback geben.
- Dann Rollenwechsel …

Abb. 12: Aufladen von Tätigkeiten im Rahmen des Change durch ein Sinnangebot (eigene Darstellung)

Change-Klima 2: humanes und respektvolles Betriebsklima

Dem als Pionier der modernen Managementlehre geltenden US-Ökonomen Peter Drucker wird der Satz zugeschrieben: „Culture eats strategy for breakfast." Dahinter steht die Hypothese: Wenn die Kultur, das Klima, die grundlegende Stimmung in einem Unternehmen nicht stimmen, dann hat jede noch so ausgeklügelte Strategie oder Change-Vision keine Chance – die Beschäftigten werden nicht begeistert mitmachen.

Das Betriebsklima ist nicht einfach nur „da". Es wird von jedem Einzelnen – ob Mitarbeiter oder Führungskraft – mitgestaltet. Vorgesetzten fällt allerdings eine besondere Verantwortung zu. Hier eine Liste der besonders in Veränderungssituationen wichtigen „Klimaschutz"-Maßnahmen:

- Geben Sie großzügig und lächelnd, aber ohne übertriebenen emotionalen Überschwang Bestätigung und positives Feedback. Nehmen Sie sich so oft wie möglich Zeit für informellen Austausch: ein freundliches Wort, eine Geste, eine Nachfrage.
- Bereichern Sie die schriftliche Kommunikation (z.B. Mails) regelmäßig mit persönlichem Austausch, insbesondere wenn Themen komplex oder strittig sind. Sie erfahren so mehr über die wahre Stimmung sowie Missverständnisse.
- Sprechen Sie über abwesende Dritte ausschließlich so, dass diese auch dabei sein könnten. Verbieten Sie sich despektierliche Aussagen über Ihre Führungskraft bzw. die Unternehmensleitung, ihre Führungskollegen, Kunden usw.
- Beugen Sie Grüppchenbildung vor, indem Sie zu allen im Team Kontakt halten. Verbieten Sie es sich, (offenkundige) Lieblinge zu haben und vermeiden Sie größeres Informationsgefälle in Ihrem Team. Sehen Sie Unterschiedlichkeit (diversity) als Stärke. Beziehen Sie die Stillen, die Außenseiter, die Neuen ein.
- Pflegen Sie persönlich Manieren, Höflichkeit, Freundlichkeit, Großzügigkeit, ein Lächeln.
- Betriebsfeiern, Stammtische, Betriebssport, gemeinsame Charity u.v.m. können das Klima verbessern. Jedoch sollte kein Gruppenzwang

herrschen. Gute Alternativen in der Arbeitszeit sind Jourfixes, Arbeitsfrüh-
stücke, Retrospektiven usw.

- Sprechen Sie Irritationen und Konfliktpotenzial früh und sachlich an. „Unter dem Teppich" schwelt es ohnehin weiter und sorgt für immer größe-
ren Stress., je länger es verdrängt wird. Kein Tratsch, keine Intrigen,
keine Lästereien, kein Mobbing, keine Diskriminierung! Unterbinden Sie
dies auch rigoros unter Ihren Beschäftigten.

- Machen Sie Karriere mit Können und Köpfchen, charmanter Eigenver-
marktung und geschicktem Netzwerken – und nicht mit unfairen Touren
auf Kosten anderer. Lassen Sie Ihren Beschäftigten ihre Erfolge und Büh-
nen.

- Lassen Sie Ihren Humor für sich arbeiten. Er hilft auch gegen Stress. Verzichten Sie auf zynische Bemerkungen und lachen Sie auch einmal über
sich selbst und Ihre Fehler.

- Bitten Sie Ihr Team regelmäßig um Feedback bezüglich Ihres Führungs-
handelns. Nehmen Sie Kritik an und lassen Sie erkennen, dass Sie ernst-
haft an sich arbeiten.

- Seien Sie als Mensch, als private Person erkennbar. Erzählen Sie such
einmal etwas Privates über sich. Ihre Launen und privaten Stressquellen
sollten Sie allerdings von Ihren Beschäftigten fernhalten. Interessieren
Sie sich für private Facetten Ihrer Mitarbeitenden, gratulieren Sie zu Ge-
burtstag, Geburt usw.

Change-Klima 3: lernförderliche und angstfreie Fehlerkultur

Veränderungsprojekte und -phasen sind prädestiniert dafür, dass die Fehler-
quote steigt. Immerhin betreten alle Beteiligten Neuland. Doch Fehler sind
verpönt. Menschen haben ein uraltes biologisches Programm, Fehler als negativ einzustufen und sie auch nicht gerne zuzugeben. In Veränderungsphasen und bei der Erreichung von Veränderungszielen erweist sich diese Fehler-
Intoleranz allerdings oft als kontraproduktiv. Denn der nicht gemachte Fehler
kann ein Hindernis auf dem Weg der Verbesserung sein und der vertuschte
Fehler produziert womöglich teurere Folgekosten als das Zugeben des

ursprünglichen Problems. Eine lernförderliche und angstfreie Fehlerkultur sollte deswegen von Führungskräften und Unternehmensleitung großgeschrieben werden (Strauss 2019).

Fun Fact

Eine Kultur, in der Fehler nicht zugegeben und kritische Entwicklungen nicht frei besprochen werden konnten, gilt als eine der Ursachen für Dieselgate. Dieser Skandal hat dem VW-Konzern einen dreistelligen Milliardenbetrag an Schäden und hohe Reputationsverluste zugefügt. Eine Kultur des Kritikverbots und der aufgezwungenen Zuversicht gilt als Hauptgrund für die Pleite der Lehman Brothers Bank, die 2008 die Weltfinanzkrise auslöste.

Führungskräfte sollten daher:

- eigene Fehler sehen, zügig zuzugeben und die eigene Meinung mit nachvollziehbarer Erklärung revidieren („fail fast"). Mitarbeiter sollten in Richtung eines solchen Verhaltens gecoacht werden.
- sich verantwortlich fühlen, aus Fehlern zu lernen und voranzuschreiten („fail forward"). Auch hier ist Coaching für das Team sinnvoll.
- ihre erkannten Lern- und Optimierungsfelder konsequent bearbeiten.
- von Mitarbeitenden hohe Transparenz beim Melden von Problemen verlangen und im Gegenzug Vertuschen, Schönreden, Verzögern, Lügen etc. hart sanktionieren.
- von Mitarbeitenden aktiv Vorschläge und den Mut zu Kontroversen einfordern.
- iterativ-inkrementelles Management mit ständigem Feedback relevanter Stakeholder betreiben.
- regelmäßig in „FuckUp-" bzw. „Failure Meetings" über Probleme und abgeleitete Lektionen diskutieren.
- individuelle Problem- und Fehlergespräche mit Beschäftigten führen und sie zur Personalentwicklung nutzen.

- Kreativitäts-, Optimierungs- und Fehleranalysetechniken wie Brainstorming, die Disney-Methode, Blue Skying, die 5W-Methode u.v.m. beherrschen und regelmäßig anwenden.
- Fehler und Lektionen/Lösungen/Best Practice dokumentieren.
- eine Belohnungs- und Bestrafungskultur pflegen, die die Lernfreudigen, Beweglichen, Verantwortungsvollen und Konstruktiv-Kritischen incentiviert und die Trägen, Taktierer, Ego-Spieler, Komfortzonen-Bewohner, Save-my-Ass-Typen, Perfektionisten und Kontroll-Freaks sanktioniert.
- einen Projekte- und Initiativen-TÜV einführen, der regelmäßig alle Aktivitäten auf den Prüfstand stellt, Erbhöfe auflöst, Angewohnheiten hinterfragt usw.
- eine „Beerdigungskultur" etablieren, die für überholt oder überflüssig erachtete Aktivitäten würdevoll beendet.

PLATZ FÜR NOTIZEN

Wie Führungskräfte als wirkungsvolle Change Manager handeln

Erick Kästners Gedichtzeile „Es gibt nichts Gutes, außer: Man tut es." ist ein gutes Motto für die zukunftsfähige, agile Führungskraft. Gerade in Change-Situationen, in denen typischerweise Konzepte überdurchschnittlich komplex, Powerpoint-Foliensätze beängstigend dick und Meetings ermüdend lang ausfallen, kommt es am Ende auf das Handeln an. Die Führungskraft trägt mit vielen Aspekten Ihres Tuns zum Veränderungserfolg bei, hier kurz vorgestellt werden die Stellschrauben:

- Delegieren
- Zeit zum Führen nehmen
- ressourcenorientiert kommunizieren

Veränderungsförderliches Verhalten 1: Delegieren

Die Kunst des Delegierens gehört zu den Kernkompetenzen von Führung. Vorgesetzte, die richtig delegieren, befähigen ihre Mitarbeitenden (Stichwort: empowerment), entwickeln sie (Stichwort: development), machen sie mitverantwortlich für das unternehmerische Ergebnis (Stichwort: entrepreneurship) und steigern Sinnempfinden und Motivation (Stichwort: purpose).

Fun Fact

Die traditionelle französische Keksfabrik Poult stand vor dem Konkurs. Ein neuer Investor führte vorübergehend eine Art Firmen-Demokratie ein: weitestgehende Abschaffung der Führungsebenen und sehr viel Mitspracherecht für die Belegschaft. Man schaffte gemeinsam die Wende. Heute gehört Poult nach einer Fusion zu Biscuit International, dem führenden europäischen Hersteller von Süßwaren-Keksen.

Warum besonders in Veränderungs-Projekten oder -phasen die systematische Einbeziehung und Ermächtigung der Beschäftigten so wichtig ist, erklärt sich psychologisch: Je fordernder und stressiger Change-Phasen sind (und das sin sie meistens), desto mehr sehnen sich Menschen nach Bewährtem und

Bekanntem. Wenn es schlecht läuft, ziehen sich Mitarbeitende sogar emotional und faktisch in Silos und Wagenburgen zurück. Das lässt ein Klima von „wir gegen die", „die da oben haben schon wieder ...", „mit uns kann man es ja machen ..." und „not invented here" erblühen – allesamt schädliche Rahmenbedingungen für den Veränderungserfolg. Verhindert oder abgemildert werden kann ein solch unerwünschtes Klima durch Delegieren.

Wie geht richtiges Delegieren? Mitarbeitende brauchen zur vollumfänglichen Erledigung einer Aufgabe die Macht und Befugnis, notwendige Tätigkeiten zu vollziehen und (Teil-) Entscheidungen zu treffen. Zudem müssen sie für die übertragenen Aufgaben die notwendigen materiellen und immateriellen Ressourcen bekommen. „Ziele setzen - Mittel verweigern" nennt man salopp auch „Management by Terror". Zum Delegations-Paket gehört ferner die Rechenschaftspflicht: Der beauftragte Mitarbeitende muss und darf derjenige sein, der Tätigkeiten und (Teil-)Entscheidungen öffentlich vertritt, z. B. in Teams oder gegenüber Geschäftsleitung und Kunden. Auch die Verantwortung gehört zum Gegenstand der Delegation: Mitarbeitenden muss klar sein, dass sie auf tagesgeschäftlicher Ebene für die delegierten Tätigkeiten und (Teil-)Entscheidungen vollständig verantwortlich sind. Allerdings: Die finale unternehmerische und disziplinarische Verantwortung verbleibt bei der Führungskraft – ebenso wie Pflicht zur Unterstützung und Qualitätssicherung.

Und wie können Vorgesetzte das Delegieren „vermasseln"? Die Führungskraft

- fürchtet Bedeutungsverlust, befindet sich in Konkurrenz zu Mitarbeitenden oder kann Kontrollfixierung nicht ablegen
- delegiert nicht bzw. zu zögerlich aus Angst vor Fehlern und Reputationsverlust
- delegiert zu spät und provoziert unnötig Umsetzungsdruck und Hektik
- unterschätzt Mitarbeitende, will sie schonen oder pflegt Vorurteile („zu alt, zu jung, zu anders, zu weiblich")
- begeht Systembrüche, regiert also z. B. am Delegations-Empfänger vorbei in die Angelegenheit hinein und sorgt für Durcheinander

- ist selbst schlecht geführt; muss mit unklaren Rahmenbedingungen/chaotischem Chef klarkommen
- hat wenig Einfluss auf die Auswahl der Mitarbeiter und vertraut diesen nicht
- kann zu delegierende Aufgabe nicht motivierend und bedeutsam „verkaufen", sodass beim Mitarbeitenden der Eindruck von Wertlosigkeit entsteht
- verknüpft Delegieren nicht mit Personalentwicklung, sodass der Mitarbeitende sich als punktueller Ausputzer sieht und die Chance zum eigenen Wachstum nicht nutzt
- ist nicht zu „Manöverkritik" früherer Delegierungs-Versuche bereit
- duldet Rückdelegieren

Veränderungsförderliches Verhalten 2: Zeit zum Führen nehmen

Führungskräfte können in Weiterbildungen und Fachliteratur häufig den Ratschlag hören, dass der größere Teil ihrer Arbeitszeit in Führungsaufgaben und der kleinere Teil in operativ-fachliche Tätigkeiten fließen solle. Dass dies mehr als eine romantische Wohlfühl-Vorstellung von der nahbaren, verfügbaren, kümmernden, kommunikativen Führungskraft ist, sondern handfeste betriebswirtschaftliche Nutzenargumente dahinterstehen, zeigen zahlreiche Forschungsergebnisse. Hier nur zwei Beispiele:

- Ein Laissez-Faire-Führungsstil, bei dem Vorgesetzte den Beschäftigten weder viel Zeit noch Unterstützung gewähren, wirkt sich kurz- und langfristig sehr negativ auf die Arbeitszufriedenheit aus (Skogstad 2014). Man darf schließen, dass umgekehrt ein zugewandter, mit ausreichend Zeit vollzogener Führungsstil die Motivation und Zufriedenheit der Beschäftigten positiv beeinflussen kann.
- Besonders jüngere Beschäftigte der Generationen Y und Z schätzen und erwarten es, dass ihre Führungskraft sich ausreichend Zeit nimmt – für Fragen, Diskussionen, Rückmeldungen usw. Bleibt dies aus, droht Demotivation. (Lieske 2020)

Fun Fact

Zahlreiche Studien (z.B. von Krankenkassen und Sozialversicherungsträgern, Hochschulen und Think Tanks wie Gallup) haben ergeben: Die Zeit, die Vorgesetzte mit Beschäftigten verbringen, korreliert sogar mit dem Gesundheitsniveau in Teams (niedriger Krankenstand). Zeit ist also eine wertvolle Ressource, die Führungskräfte in ihren Teams investieren sollten.

Genutzt werden sollte die Zeit für Kommunikation, die bekanntlich laut dem klassischen Sender-Empfänger-Modell aus einer Balance von Zuhören und Sprechen besteht. Zeitintensiv ist besonders die explizite Kommunikation: Man verzichtet auf Andeutungen, setzt nichts voraus oder meint in den Gedanken des anderen lesen zu können, redet nicht übereinander, sondern miteinander, arbeitet nicht mit Herrschaftswissen und Informations-Silos. Stattdessen zeichnet sich professionelle Führungskommunikation aus durch:

- Erwartungs-Artikulation und Auftragsklärung
- Äußerung von Wünschen, Bedürfnissen und Emotionen
- löbliches und kritisches Feedback (geben und nehmen)
- Einwandbehandlung
- offene, lösungsorientierte Fragen
- Best-Practice- und Fehleranalysen
- Brainstorming und anderen Kreativitätstechniken, z.B. zur Erarbeitung einer Vision
- Ziel-, Meilensteingespräche
- Retrospektiven und Metakommunikation (Austausch über Atmosphäre und Vertrauensbasis)
- Coaching-Interventionen und Angebote zur Persönlichkeitsentwicklung
- Angebote zur beruflichen Weiterentwicklung
- Raum für „Belangloses", Smalltalk, Festigung der Beziehung, aber auch belastende persönliche Themen mit Auswirkungen auf den Arbeitsplatz

Veränderungsförderliches Verhalten 3: Ressourcenorientiert kommunizieren

Studien zufolge unterschätzen Führungskräfte chronisch ihren Redeanteil in der Kommunikation mit Beschäftigen. Sie empfinden ihn tendenziell als gleich hoch wie den der Mitarbeiter – de fakto liegt er aber meist höher (Breyer-Mayländer 2020). Die Liste der Nachteile eines (zu) hohen Redeanteils von Vorgesetzten ist lang:

Mitarbeitende
- haben für lange Monologe keine Aufmerksamkeitsspanne
- fühlen sich bevormundet
- empfinden es als Einschränkung ihrer Mitwirkungsmöglichkeiten
- werden im Entwickeln eigener Gedankengänge gebremst
- deuten es als fehlendes Vertrauen des Vorgesetzen
- fühlen sich bei Aufgaben – wenn überhaupt – nur informiert, aber nicht beteiligt oder mitverantwortlich
- verbleiben in Passivität, (gespielter) Hilflosigkeit und geringer Motivation
- bekommen keine Impulse, aus ihrer Problem-Trance, ihrem Pessimismus oder anderen hinderlichen Psycho-Fallen herauszukommen

Führungskräfte
- befinden sich in ihrer eigenen Echokammer
- können nicht sicher sein, ob das Gesagte verstanden wurde
- berauben sich der Kreativität und der Mitverantwortung der Beschäftigten
- bekommen wenig Feedback, Kritik, Gegenwind, Opposition
- erhöhen das Risiko der Rück-Delegation und des „Führens von unten"
- merken nicht, ob man aneinander vorbeiredet oder Missverständnissen aufsitzt
- verpassen zu erfahren, wie Beschäftigte denken, welche Einwände es eventuell gibt
- geben ein Frühwarnsystem aus der Hand, wie es Mitarbeitenden wirklich geht, wie gestresst und frustriert sie ggf. sind

Die negativen Folgen der o.g. Aspekte machen sich in Change-Situationen und herausfordernden Unternehmenssituationen ganz besonders negativ bemerkbar. Deswegen gehört zum Repertoire der zukunftsfähigen, agilen Führungskraft die ressourcenorientierte Gesprächsführung. Dabei hat die Führungskraft automatisch einen deutlich geringeren Redeanteil als Beschäftigte. Ihre beiden wichtigsten Charakteristika sind:

Das aktive Zuhören

Der US-Psychotherapeut Carl Rogers empfiehlt, die aktiv zuhörende Person solle sich auf das Gegenüber konzentrieren und dies durch die eigene Körperhaltung ausdrücken. Mit der eigenen Meinung ist sehr zurückhaltend umzugehen; Nachfragen bei Unklarheiten sind gestattet. Es ist wichtig, Pausen auszuhalten und nicht selbst in sie hineinzureden bzw. vorschnell mit Ratschlägen und Lösungen in Vorlage zu gehen. Bestätigende kurze Äußerungen wie „Und?", „Ja!", „Mmh!", „Ach so!", „Okay!" können den Sprecher im Redefluss halten. Sollte das Gegenüber redefreudig sein, muss der Zuhörende Geduld haben und soll nicht unterbrechen. Blickkontakt (ohne Anstarren) wird empfohlen. Wenn der Sprecher dem Zuhörenden Vorwürfe macht oder Kritik äußert, gilt es Ruhe zu bewahren und dies auszuhalten. Höhepunkt des aktiven Zuhörens ist das Sicherstellen des gemeinsamen Verständnisses durch Paraphrasieren (mit eigenen Worten wiedergeben, was das Gegenüber gesagt hat): „Wenn ich Sie richtig verstehe...", „Mit anderen Worten...", „Sie glauben/meinen, dass ...", „Darf ich nochmals kurz zusammenfassen ...", „Sie denken, dass ...", „Sie ärgern sich über ...", „Sie sind erschrocken über ... „. So können Missverständnisse geklärt werden und der andere fühlt sich wirklich wahrgenommen.

Das Führen mit Fragen

Die beste Methode, Mitarbeitende in Veränderungs- und Lösungskompetenz zu bestärken, ist der Einsatz offener Fragen. Deswegen heißt eine Führungs-Weisheit: „Wer fragt führt." Die Fragetechniken sollen bewirken, dass die eigentliche Verantwortung für Nachdenken und Umsetzen beim Beschäftigten bleibt. Offene Fragen können in vielfältigen Formen eingesetzt werden – hier pro Kategorie nur ein Beispiel:

problemorientierte Fragen (signalisieren dem MA sein/ihr Wissen und Mitverantwortung, Expertenstatus für die Lösung)
- „Was haben Sie schon unternommen, um das Problem zu beheben?"

Präzisierungs-Fragen (nehmen Problem die Schärfe und erbringen Details)
- (MA: Ich habe Bedenken.) „Gegenüber was?"

zielorientierte Fragen (nehmen erwünschten Zustand in den Fokus und lenken weg vom Jammern)
- „Woran erkennen Sie, dass Sie das Ziel erreicht haben?"

ressourcenorientierte Fragen (lenken auf Lösungspfad, vermitteln Zuversicht)
- „Was geht seit unserem letzten Gespräch besser?"

Skalierungsfragen (setzen in Relation, beugen Katastrophendenken vor)
- „Wenn Sie heute die Kooperation im Team bei 4 einstufen, was müsste geschehen, um auf 6 zu kommen?"

zirkuläre Fragen (regen zu Perspektivwechsel und Vogelperspektive an)
- „Was meint Ihr Kollege aus der Fachabteilung XY zu Ihrem Problem?"

hypothetische Fragen (erlauben großes Denken, senken Denkbarrieren)
- „Angenommen, das Projekt verliefe ideal: Woran würden Sie das merken?"

paradoxe Fragen (bewirken Erschrecken, Innehalten, Umsteuern)
- „Was müssten Sie tun, um das Projekt endgültig an die Wand zu fahren?"

bequeme Frage (signalisiert Unterstützung)
- „Wie kann ich helfen?"

Fee-Frage (lädt zu großem Denken und Ausbruch aus der Box ein)
- „Wenn Sie von der guten Fee versprochen bekämen, dass Sie nicht scheitern können: Was würden Sie dann tun?"

Babyschritt-Frage (bricht große Probleme in bewältigbare Schritte herunter)
- „Was ist der kleinste Schritt, den Sie heute gehen können?"

Lern-Frage (signalisiert, dass Vorgesetzter an die Entwicklungsfähigkeit des MA glaubt)
- „Welchen Rat würden Sie sich geben, wenn Sie Ihr Coach wären?"

PLATZ FÜR NOTIZEN

8. MITARBEITERFÜHRUNG: VERÄNDERUNG BRAUCHT STABILITÄT

Der Satz „Führungskräfte sind heute immer auch Change Manager" ist nur eine Seite der Wahrheit. Ebenso wichtig ist es, dass Führung für Stabilität sorgt. Diese doppelte Herausforderung ist mit dem aus der Physiologie und Medizin stammenden Begriff der Homöostase erklärbar: Jedes System strebt nach Gleichgewicht. Für ein Unternehmen bedeutet das jedoch nicht, sich nach einer Change-Phase „auf Lorbeeren auszuruhen". Und für Beschäftigte ist es kein Freibrief, lange „Dienst nach Vorschrift" zu machen. Homöostase sorgt für eine neue Balance, die die während der Veränderungsphase gewonnenen Erkenntnisse, Verbesserungen und Anpassungen in die Gegenwart integriert und sofort wieder neu auf den Prüfstand stellt. In der VUCA-Welt gilt das Motto „Nach dem Change ist vor dem Change".

Und doch braucht es inmitten von Dauer-Veränderung und überlappenden Change-Zyklen Orte und Zustände der Stabilität. Ohne diese steigt das Gesundheits-, Stress- und Burnout-Risiko von Menschen gefährlich stark an. Führungskräfte können auf mehreren Ebenen stabilisierende Angebote für ihre Teams und Beschäftigten machen – hier eine Liste mit Beispielen:

professionelles Führungs-Handwerkszeug, z.B.
- effizientes Meeting-Management
- kluge Kapazitäts- und Aufgabenplanung

persönliche Zuverlässigkeit der Führungskraft, z.B.
- Pünktlichkeit und Termintreue
- Integrität und Vereinbarungstreue

solides Zeitmanagement, z.B.
- planbare Termine, ungestörte Freizeit
- gepflegter Team-Gruppenkalender

Zeit und Zuwendung, z.B.
- regelmäßige Einzel-Jourfixes
- Nahbarkeit und open-door-Politik

Wissensmanagement und transparente Information, z.B.

- ergiebiges Intranet, FAQ-Listen, Unternehmens-Wikis u.v.m.
- proaktive interne Kommunikation zu allen relevanten Themen

Räume und Foren, z.b.

- ansprechende, gesund gestaltete Büroräume bzw. Ausstattung von Home-offices
- leistungsfähige Online-Collaboration-Tools

Unterstützung für die Beschäftigten zur Persönlichkeitsentwicklung, z. B.

- betrieblich finanziertes Coaching
- Stressmanagement-Kurse

Betriebliches Gesundheitsmanagement, z.b.

- Präventionsangebote im Unternehmen, wie etwa „bewegte Pause"
- professionelles Betriebliches Eingliederungsmanagement (BEM) nach länger Krankheit

PLATZ FÜR NOTIZEN

9. AUSBLICK: FÜHRUNG IST WICHTIGSTER TREIBER VON VERÄNDERUNG UND INNOVATION

In Anlehnung an Paul Watzlawicks erstes kommunikationspsychologisches Axiom „Man kann nicht nicht kommunizieren." gilt für Vorgesetzte: Man kann nicht nicht führen. Führung findet immer statt und wirkt immer – ob nun förderlich oder hinderlich. Und so hat auch hier die Forschung klare Belege dafür erbracht, wie schlechte oder verweigerte Führung den (Veränderungs-)Erfolg torpedieren kann – einige Beispiele (Purps-Pardigol 2015):

- Androhung von Bindungsverlust oder vollzogene Ausgrenzung (etwa durch eine schlecht kommunizierte bzw. umgesetzte organisatorische Restrukturierung) beeinträchtigen Denkvermögen und Intelligenzleistung des Menschen. Damit gehen dem Change-Prozess wertvolle Ressourcen verloren.
- Das Empfinden von Sinnlosigkeit (etwa in einem Veränderungsprojekt) aktiviert im menschlichen Gehirn dieselben Areale wie echter Schmerz. Und unter Leidendruck sinken Engagement und Kreativität für den Change-Prozess.
- Nicht funktionierendes Teamwork bzw. Unzuverlässigkeit (z.B. durch intransparente Kommunikation oder chaotische Führung) sind eine signifikante Quelle von Erschöpfung und Burnout. Die Krankheits- und Präsentismusraten werden steigen.
- Wer sich engagiert und dafür kein Feedback bekommt und auch keine Erfolgserlebnisse hat, wird mit erhöhter Wahrscheinlichkeit erkranken oder eine Protest-Krankmeldung vorlegen. Auch hier gehen wertvolle Humanressourcen verloren und es können „Ansteckungseffekte" entstehen.
- Angst (z. B. vor Arbeitsplatzverlust im Zuge eines Veränderungsprojektes) legt das menschliche Gehirn nahezu vollständig lahm. Angst kann auch dadurch entstehen, dass Führung nicht ausreichend transparent und strukturiert die Aspekte der Veränderung kommuniziert und umsetzt. Im Angst-Stadium schaltet das menschliche Gehirn auf absoluten Sparmodus und kümmert sich nur noch ums eigene „Überleben".

Diese beliebig zu verlängernde Liste von Forschungsergebnissen belegt, dass Führungskräfte im Change eine sehr hohe Verantwortung tragen. Sie haben es als Individuen mit persönlichen Herausforderungen zu tun. Ihre individuelle Veränderungskompetenz wirkt auf Gesundheit, Stress, Leistungsfähigkeit, Motivation, Sinnempfinden u.v.m. Diese persönlichen Faktoren erzielen wiederum eine Wirkung auf die Beschäftigten: Mitarbeitende bemerken, wie die Chefin emotional zu einem Change-Projekt steht. Das Team hat Antennen dafür, ob der Chef (un)authentisch kommuniziert. Beschäftigte lassen sich von der Energie der Vorgesetzten viel stärker demotivieren, als jede Sachbotschaft in einem Veränderungsprojekt sie je motivieren könnte. Und Veränderungs-Stress der Leistungsebene überträgt sich soft auf die Basis. Last but not least sind Vorgesetzte dafür verantwortlich, Beschäftigte in Veränderungssituationen mitzunehmen. In keinem anderen Kontext wird die Rollenbeschreibung vom „Chef als Coach" so wichtig wie in Phasen der Veränderung (Strauss 2017). Die Führungsfähigkeiten der Vorgesetzten korrelieren hier direkt mit Leistung, Resilienz, Motivation und Veränderungsbereitschaft der Beschäftigten – und werden somit zu einer betriebswirtschaftlich relevanten Größe.

Deswegen ist es riskant, wenn Unternehmen ihrer Leistungsebene nicht genug Ressourcen für Führungsarbeit (Zeit, Qualifizierung usw.) zur Verfügung stellen bzw. wenn Führungskräfte sich zu stark auf operativ-tagesgeschäftliche Aufgaben konzentrieren und das „Menschen-Handwerk" Führung vernachlässigen. Die Folgen beschreibt Steven Covey in seiner Geschichte vom Baumfäller (Covey 2018), hier verkürzt wiedergegeben:

Zeit, die Säge zu schärfen

„Ein Mann geht im Wald spazieren und sieht einen Holzfäller, der angestrengt einen Baumstamm zersägt. Er hat offensichtlich viel Mühe mit seiner Arbeit. Der Spaziergänger erkennt schnell die Ursache und sagt: ‚Ich sehe, dass Sie sich Ihre Arbeit unnötig schwer machen. Ihre Säge ist stumpf - warum schärfen Sie sie nicht?' Der Holzfäller: ‚Ich habe keine Zeit, die Säge zu schärfen. Ich muss sägen!'"

Um die Säge zu schärfen, brauchen Führungskräfte regelmäßig Zeit für Reflexion und Feinjustierung. Die abschließende Praxisübung wendet die aus dem agilen Projektmanagement bekannte Start-Stop-Continue-Methode auf das Führen im Change an und sollte einmal im Quartal von jeder Führungskraft allein, in der kollegialen Fallberatung bzw. mit einem professionellen Coach durchgeführt werden.

Praxisübung

Reflexion: Ist die Veränderung noch auf Kurs?

Ziehen Sie konzentriert und ehrlich Bilanz:

CONTINUE

• Was in Sachen Veränderungsfähigkeit und agiles Mindset funktioniert bei mir als Führungskraft und bei uns im Team schon **gut** – und deshalb sollten wir es bewahren?

• Was an meiner Führung bzw. unserem Teamwork ist **ungeeignet, hinderlich** – und wir sollten es ändern oder ganz abschaffen?

STOP

• Was sollte ich selbst und was sollten wir im Team ganz neu versuchen und **einführen**, damit wir noch veränderungsfreudiger, agiler und zukunftsfähiger werden?

START

Abb. 13: Reflexion für Führungskräfte zur Veränderungsfähigkeit individuell und im Team (eigene Darstellung)

10. LITERATUR

Bandura, Albert (1976): Lernen am Modell. Stuttgart

Bandura, Albert (1997): Self-efficacy: The exercise of control. New York

Breyer-Mayländer, Thomas (2020). Formen und Quellen der Macht. In: Erfolgsfaktor Macht im Management. Wiesbaden, S. 21-32

Bruch, Heike; Kowalevski, Sandra (2013): Gesunde Führung. Wie Unternehmen eine gesunde Performancekultur entwickeln.

Covey, Stephen (2018): Die 7 Wege zur Effektivität. Offenbach

Die Continentale (Hg.) (o.J.): Aktiv leben, mit Stress umgehen.

Elger, Christian (2013): Neuroleadership. Erkenntnisse der Hirnforschung für die Führung von Mitarbeitern. Freiburg

Graf, Nele (2020): Kompetenzen für die neue Arbeitswelt – welche Metakompetenzen Mitarbeiter zukunftsfit machen

Heimsoeth, Antje (2017): Kopf gewinnt! Der Weg zu mentaler und emotionaler Führungsstärke. Heidelberg

Koenig, Detlef u.a. (2005): 30 Minuten Selbstorganisation. Offenbach

Königswieser, Roswita (o.J.): Coaching-Tool: Stabile Zonen

Köster, Gerda (2021): Nachhaltig leben mit dem ZRM. Offenbach

Lieske, Claudia (2020): Mitarbeiterführung der Zukunft unter dem Einfluss von Digitalisierung und Generationenwechsel. Heft Nr. 50 „Working Papers" Technische Hochschule Ingolstadt

Morehead James (2012): Stanford University's Carol Dweck on the Growth Mindset and Education. In: OneDublin.org. 19. Juni 2012

Mutaree 2020/21 (Hg.): Change-Fitness-Studie (https://mutaree.com/content/change-fitness-studie)

Peters, Theo; Ghadiri, Argang (2013): Neuroleadership – Grundlegen, Konzepte, Beispiele. Wiesbaden

Philippeit-Schürmann, Tanja (2008): Veränderungskompetenz. Anforderungen an mittlere Führungskräfte in organisationalen Veränderungsprozessen. Dissertation an der Alpen-Adria-Universität Klagenfurt

Purps-Pardigol, Sebastian (2015): Führen mit Hirn. Frankfurt am Main

Riemann, Fritz (2013): Grundformen der Angst. 41. Auflage. München

Rock, David; Schwartz, Jeffrey. The Neuroscience of Leadership. In: Strategy+Business, Issue 43, 30. Mai 2006

Roth, Gerhard; Ryba, Alica (2016). Coaching, Beratung und Gehirn. Stuttgart

Saum-Aldehoff, Thomas (2007): Big Five – Sich selbst und andere erkennen. Düsseldorf

Seiwert, Lothar (2018): Wenn du es eilig hast, gehe langsam: Wenn du es noch eiliger hast, mache einen Umweg. Frankfurt am Main

Sinek, Simon (2014): Frag immer erst: Warum. München

Skogstad, A. u.a. (2014): The relative effects of constructive, laissez-faire, and tyrannical leadership on subordinate job satisfaction. Zeitschrift für Psychologie, 222, 221 – 232.

Sprenger, Reinhard (2009): 30 Minuten für mehr Motivation. 13. Auflage. Offenbach

Storch, Maja (2009): Motto-Ziele, S.M.A.R.T.-Ziele und Motivation. In: Birgmeier, Bernd (Hrsg.): Coachingwissen. Denn sie wissen nicht, was sie tun? Wiesbaden, S. 183-205

Storch, Maja u.a. (2010): Embodiment. Die Wechselwirkung von Körper und Psyche verstehen und nutzen. Bern

Strauss, Nicole (2016): Mit Neuro-Self-Leadership gesund zu Höchstleistung und Erfolg. Wie Mitarbeitende die Hirnforschung für Selbstführung, Persönlichkeitsentwicklung und Stressabbau nutzen können. In: Laske, Stephan u.a. (Hg.). PersonalEntwickeln. Loseblattwerk, Neuwied: Lieferung Februar 2016

Strauss, Nicole (2016a): Mit Neuro-Leadership Mitarbeiter besser führen. Wie Vorgesetzte die Hirnforschung nutzen können. In: Laske, Stephan u.a. (Hg.). PersonalEntwickeln. Loseblattwerk, Neuwied: Lieferung Januar 2016

Strauss, Nicole (2017): Der Chef als Coach: Neuro-Leadership am Praxisfall erklärt (Hirngerechte Führung und Motivation in einem Leitbildprozess). In: Laske, Stephan u.a. (Hg.). PersonalEntwickeln. Loseblattwerk, Neuwied: Lieferung November 2017

Strauss, Nicole (2019): Fehlerkultur in Führung und Teamwork. Warum der richtige Umgang mit Pannen und Schwächen Ihr Unternehmen besser macht. In: Laske, Stephan u.a. (Hg.). PersonalEntwickeln. Loseblattwerk, Neuwied: Lieferung April 2019

Tameling, Rainer (2018): Das Modell der Salutogenese von Aaron Antonovsky. o.O.

DIE AUTORIN

Dr. phil. Nicole Strauss ist psychotherapeutischer Coach und Unternehmensberaterin mit langjähriger eigener Führungserfahrung. Nach Leitungs- und Vorstandsfunktionen in Konzernen und Start-ups leitet Strauss seit 2008 ihr eigenes Unternehmen. Mit Lebens- und Managementerfahrung sowie psychologischer Fundierung begleitet sie Fach- und Führungskräfte dabei, sich selbst und andere zukunftsfähig zu führen bzw. Veränderungen zu meistern. Strauss ist zudem International Scrum Master I, Hochschuldozentin und Fachautorin.

Kontakt:

- www.nicole-strauss.com
- www.xing.com/profile/Nicole_Strauss10
- Twitter: @strausscoaching

MEHR TITEL DER AUTORIN

Virtuelle Führung auf Distanz. So klappt es in Ihrem Team mit Home-office und New Work. BoD 2021 (ISBN 9783753421216)

Topsharing: Geteilte Führung – doppelter Nutzen. So gelingt es, im Tandem Verantwortung zu tragen und Mitarbeiter zu führen. In: Laske, Stephan u.a. (Hg.). PersonalEntwickeln. Loseblattwerk, Neuwied: Lieferung Januar 2021

Führen auf Distanz. Wie Vorgesetzte ihre Teams trotz Home-Office, flexibler Arbeitszeiten und Matrixorganisation zusammenhalten. In: Laske, Stephan u.a. (Hg.). PersonalEntwickeln. Loseblattwerk, Neuwied: Lieferung Februar 2020

Agiles Coaching für Führungskräfte 4.0. So bauen Sie zukunftsfähige Kompetenzen als Person und Vorgesetzter auf. In: Laske, Stephan u.a. (Hg.). PersonalEntwickeln. Loseblattwerk, Neuwied: Lieferung September 2019

Fehlerkultur in Führung und Teamwork. Warum der richtige Umgang mit Pannen und Schwächen Ihr Unternehmen besser macht. In: Laske, Stephan u.a. (Hg.). PersonalEntwickeln. Loseblattwerk, Neuwied: Lieferung April 2019

Führung? Nein, danke!" Wie Sie Unentschlossene, Ängstliche, Frustrierte und andere Führungsmuffel doch noch auf die Vorgesetztenlaufbahn bringen. In: Laske, Stephan u.a. (Hg.). PersonalEntwickeln. Loseblattwerk, Neuwied: Lieferung Oktober 2018

Agile Führung – Beweglich in bewegten Zeiten. Wie agile Führung funktioniert und was Sie von der IT-Branche lernen können. In: Laske,

Stephan u.a. (Hg.). PersonalEntwickeln. Loseblattwerk, Neuwied: Lieferung August 2018

Der Chef als Coach: Neuro-Leadership am Praxisfall erklärt (Hirngerechte Führung und Motivation in einem Leitbildprozess). In: Laske, Stephan u.a. (Hg.). PersonalEntwickeln. Loseblattwerk, Neuwied: Lieferung November 2017

Mit Neuro-Self-Leadership gesund zu Höchstleistung und Erfolg. Wie Mitarbeitende die Hirnforschung für Selbstführung, Persönlichkeitsentwicklung und Stressabbau nutzen können. In: Laske, Stephan u.a. (Hg.). PersonalEntwickeln. Loseblattwerk, Neuwied: Lieferung Februar 2016

Mit Neuro-Leadership Mitarbeiter besser führen. Wie Vorgesetzte die Hirnforschung nutzen können. In: Laske, Stephan u.a. (Hg.). PersonalEntwickeln. Loseblattwerk, Neuwied: Lieferung Januar 2016

„Best Ager": Länger Lust an Leistung. Was Vorgesetzte und Mitarbeiter gegen Frust und Burnout im letzten Berufsdrittel tun können. In: Laske, Stephan u.a. (Hg.). PersonalEntwickeln. Loseblattwerk, Neuwied: Lieferung September 2014

Gesund führen. Leistung und Lebensfreude für Chefs und Mitarbeiter. Saarbrücken 2013 (ISBN 978-3-8417-5018-1)

Mit Resilienz gegen Stress und Burnout: Wie Mitarbeiter, Führungskräfte und die Unternehmensleitung robuster gegenüber Belastungen werden In: Laske, Stephan u.a. (Hg.). PersonalEntwickeln. Loseblattwerk, Neuwied: Lieferung April 2013

Externe und interne Unternehmens-Kommunikation als Managementaufgabe. In: Kompendium Management in Banking & Finance. Frankfurt 2012

Mein Mitarbeiter – mein Patient?! Chancen und Grenzen von betrieblicher Stressprävention und Mitarbeiter-Unterstützung. In: Laske, Stephan u.a. (Hg.). PersonalEntwickeln. Loseblattwerk, Neuwied: Lieferung August 2012

Mitarbeiter-Kommunikation für Hirn, Herz und Hand: Was die Abteilung interne Unternehmens-Kommunikation von der Neuro- und Motivations-Forschung lernen kann. In: Piwinger, Manfred u.a. (Hg.). Kommunikationsmanagement. Loseblattwerk, Neuwied: Lieferung September 2011

Betriebliches Gesundheitsmanagement: Sich selbst und andere gesund führen. In: Laske, Stephan u.a. (Hg.). PersonalEntwickeln. Loseblattwerk, Neuwied: Lieferung November 2010

Die andere Ich AG – Führen Sie sich selbst wie ein erfolgreiches Unternehmen! Campus: Frankfurt/New York 2003, ISBN 3-593-37224-X